现代经济法理论与实践研究

李小鲁◎著

中国原子能出版社

图书在版编目(CIP)数据

现代经济法理论与实践研究 / 李小鲁著. -- 北京 ：
中国原子能出版社，2022.7
ISBN 978-7-5221-2015-7

Ⅰ．①现… Ⅱ．①李… Ⅲ．①经济法－研究－中国
Ⅳ．①D922.290.4

中国版本图书馆CIP数据核字(2022)第126974号

现代经济法理论与实践研究

出版发行	中国原子能出版社（北京市海淀区阜成路43号　100048）
责任编辑	杨晓宇
责任印制	赵　明
印　　刷	北京天恒嘉业印刷有限公司
经　　销	全国新华书店
开　　本	787㎜×1092㎜　　　1/16
印　　张	11.75
字　　数	217千字
版　　次	2022 年 7 月第 1 版　　2022 年 7 月第 1 次印刷
书　　号	ISBN 978-7-5221-2015-7　　**定　价** 72.00 元

前　言

　　中国特色社会主义法治的建设需要经济法的保障与支撑。经济法是一国法律体系中的重要组成部分，也是国家对经济、社会进行宏观调控的重要法律手段，更是国家、企业和其他经济主体在经济活动中普遍遵守的行为准则。经济法是人类社会经济生活与法律制度发展的必然产物，经济法的出现代表了人类社会经济法律制度的理性与进步，它一方面动摇了纯粹的以"私权至上"为制度核心的私有制经济法律制度的合理性基础；另一方面又在确认和保护私权的前提下平衡着公权对私权的过分干预，调和着公权与私权之间的相互影响，在"社会本位"核心理念的基础上，构建着符合人类社会发展趋势的新型经济制度体系。我国改革开放以来对经济体制的改革和探索，给经济法提供了基础理论的客观实践基础，随着我国经济、社会等诸多领域的发展，以及经济法制的不断完善，经过学界的共同努力，中国经济法理论从无到有，日臻完善。我国社会主义市场经济的发展催生了大量的经济法实践，在这样的形势下，即使是最保守的民法学者都不会否认经济法的存在。因此，对现代经济法的理论和实践进行研究能够帮助我们更好地了解经济法，也对现代经济法的发展有重大意义。

　　本书共分为五章内容。第一章内容为经济法概述，主要从四个方面进行了介绍，分别为经济法发展历程、经济法律关系分析、经济法理论基础、现代经济法的价值分析；第二章内容为现代经济法的内容体系，主要从六个方面进行了介绍，分别为公司法、企业法、劳动法、税收法、证券法、市场竞争法；第三章内容为现代经济法的制定与实施，主要从三个方面进行了介绍，分别为现代经济法的原则、现代经济法的实施、现代经济法的调整；第四章内容为现代经济法运行程序分析，主要从两个方面进行了介绍，分别为经济法运行程序概述、经济法运行程序的优化；第五章内容为现代化经济法中的仲裁与诉讼，主要从两个方面进行了介绍，分别为现代化经济法中的经济仲裁、现代化经济法中的经济诉讼。

　　在撰写本书的过程中，作者得到了许多专家学者的帮助和指导，参考了大量的学术文献，在此表示真诚的感谢。本书内容系统全面，论述条理清晰、深入浅出，但由于作者水平有限，书中难免会有疏漏之处，希望广大同行批评指正。

作者

目　录

第一章 经济法概述

本章内容为经济法概述，主要从四个方面进行了介绍，分别为经济法发展历程、经济法律关系分析、经济法理论基础、现代经济法的价值分析。通过这四方面内容的介绍让大家初步认识经济法。

第一节 经济法发展历程

一、经济法的产生与形成

（一）经济法产生的基础条件

20 世纪在全球范围内兴起的经济法，既是一个新兴的法律部门和法学学科，也是一种适应时代需要、应运而生的法律思潮。当代世界各国的政党、政府，经济界和法律界的理论和实际工作者，不论其所处社会的性质、思想体系如何，也不论其是否承认经济法的存在，事实上都在一定程度上自觉或不自觉地运用经济法的理念和手段冲破国家与市民社会、公法与私法间的樊篱而由政权直接介入及参与经济生活，去观察和处理法与经济以及国家与经济的关系，现代社会出现的这种普遍的带有显著规律性的现象，不是偶然的。我们只能从社会经济、政治和法自身发展的轨迹中去寻求其答案。

法的产生和形成离不开经济基础，它正是基于调整经济关系的需要而产生的。作为上层建筑的组成部分，法的产生和形成也受到上层建筑的其他部分特别是国家的直接影响。经济法现象的产生和形成过程就是这样。经济法是市场经济内在矛盾的必然产物，是国家机器职能发展的必经阶段，同时也是对经济关系调整之历史发展的逻辑结果。因此，我们可以从经济关系、国家职能，以及法本身这三项基本因素的发展变化中，去寻求和把握经济法产生的一般规律。也只有在对这些规律有正确认识的基础上，才能建立起科学的现代经济法学。

经济法产生的一般基础和条件：市场经济发展到社会化大生产阶段，国家被动或自觉地承担起对经济的组织协调职能；同时，社会经济及国家对经济的调整建立在法治的基础之上，并形成了相应的经济法学说。这是社会发展到一定历史阶段的产物，当这些基础和条件尚未出现时，经济法是不可能产生的。

经济法是调整经济关系的，但是，并非法对经济关系的任何调整，都能形成经济法。经济是社会存续和发展的基础，从法产生时起，对经济关系的调整就是它的首要任务。迄今法对经济关系的调整大体上是通过以下方面来实现的：定分止争，保护财产所有权和其他物权；维护正常的交易及其他流转关系，保障债权人和债务人的利益；实现宏观和微观的市场管理，如制定度量衡、发行货币、管理交易场所、维护竞争秩序等；税收；国家直接经营、控制经济事业；规范企业关系等。

法的部门划分，包括经济法以及民法等其他任何法律部门的划分，都是社会及其法律调整发展到一定阶段的产物。总的来说，在古代和中世纪，社会经济、文化发展水平不高，社会关系相对简单，国家职能尚不完备，法以其整体作为上层建筑的一个组成部分，凡由国家制定或确认的法律规范都结合在一起，没有部门划分，即所谓诸法合一。既然没有门类划分，也就谈不上从法律部门意义上理解的经济法和其他法的门类。例如，在《汉谟拉比法典》中，已经有了关于自由民和奴隶的法律地位、保护自由民的财产，以及关于买卖、借贷、寄托、租赁、雇佣、损害赔偿、继承等的规定，但在当时社会及该法典中，并未形成人格平等、权利等概念和学说，不存在依此行事的法官和法学家，故而不能认为在当时的巴比伦就有民法。早期罗马法反映的是以农耕为主的自然经济，因而与商品关系有关的所有权和债的规定也非常简陋，且保留了原始的宗教形式主义，那时的罗马法还只是野蛮、封闭的"市民法"，不是经万民法改造并与万民法融合以后的"民法"。中国旧时的"法"则等于"刑"，以"刑"作为任何法律关系的最终保障。统治者采用"德刑并重"的方针来治理国家，刑事以外就是道德、宗法和教化，它们相辅相成。刑民不分，以刑为主。

罗马共和国末期和罗马帝国时期，随着罗马的扩张，自由、平等的贸易和手工业获得普遍发展，从而导致公、私法的分立也即民法部门的形成。在罗马所辖的相当于今日西欧、北非、小亚细亚和中亚的广袤疆域内，解除了民族间的疆界隔阂，而罗马的行政权力鞭长莫及，以致权力、血缘、宗法关系对交易和价值规律的非经济干扰降到最低限度，奴隶、粮食、香料、金属以及手工作坊的制品，如呢绒、珠宝、玻璃、葡萄酒、铁器等，均作为商品流通。由于不同民族间的商业交往最能体现客观规律的要求，商品关系内在的平等要求遂在社会上充分显现，平等主体的经济关系和平等观念高度发展，从而产生了以平等和衡平手段来调整经济关系、极少偏见而能符合价值规律要求的司法制度和法律规范——"万民法"。在此基础上，被后世称为五大法学家之一的乌尔比安提出了公法和私法划分的理论，同是五大法学家之一的盖尤斯及当时的其他一些法学家撰写了私法教科书《法学阶梯》，从而奠定了民法的基本体系和内容。

罗马私法也反映民法与商品经济的天然联系，使罗马法在中世纪宗教法、世俗封建法、日耳曼习惯法等众多法中脱颖而出。为适应资本主义生产关系发展的需要，罗马法自文艺复兴时起逐渐恢复活力，得到弘扬，最终引起了19世纪欧洲大陆编纂法典的热潮，同时也为保留日耳曼习惯法的英美法（尤其在宪政、契约和企业方面）注入了适应资本主义生产关系的内容。以拿破仑民法、商法、民事诉讼法、刑法、刑事诉讼法等法典问世为标志，社会和法的发展突破了仅有公法和私法划分的局面，其后在法学研究的基础上，形成了宪法、刑法、刑事诉讼法、民法、民事诉讼法和行政法等"六法"及其学说和相应的法规汇编，在程序法首次获得独立的同时，实体法也趋于细化。

然而，无论是在法兰西起初的"五法典"中，还是在近代日本和中国由此派生而来的"六法"中，都没有"经济法"一说。尽管国家对经济的管理和干预自古就有，即使在资本主义时代也不例外，但是在资本主义发展过程中，由启蒙思想家奠定的经典理念强调政治国家与市民社会"井水不犯河水"，国家若侵犯市民社会之私事的话，人民就有权反对。当然理念归理念，实际归实际，这种"侵犯"或干预从来都是存在的，历史上不曾有过任何绝对的"私"事或"私"的领域。在此情形下，所谓"干预越少的政府就是越好的政府"这一亚当·斯密的信条被奉为经济生活之圭臬，民法的"私有财产神圣不可侵犯""私法自治""契约自由"等宗旨和原则得到弘扬，国家调节之手因遭到否定而萎靡不振，因而不存在经济法形成的社会经济条件。

由于私有制和自由主义经济引起社会矛盾激化，发达资本主义国家于19世纪末20世纪初，走向了垄断和社会化发展阶段。生产手段和经济实力的集中，产生了垄断财团。它们大量吞并、挤垮中小企业，独占或操纵市场，恶化了竞争环境并致消费者利益受损，自由市场竞争、民主和民法所标榜的一系列原则都被破坏殆尽，资本主义经济由竞争机制所产生的活力和生机受到压抑和摧残。而且，随着财团实力的膨胀，其日益向政治领域渗透，国家政权遂直接或间接地为财团所控制，成为服务于财团利益的机器或工具。社会矛盾的激化还导致了战争和经济危机。靠市场的力量，显然是无法摆脱这种困境的。于是，资本主义国家不得不改变被动的不干预政策，逐步转而采用"国家干预""宏观调控""混合经济""组织经济""管理贸易"等新的做法和理念，加强组织、管理经济的职能。它们以"有形之手"，直接、具体地干预和参与经济生活，以国家的经济集中限制私人垄断财团，以社会总代表的身份协调各方利益关系，调控经济进程。如通过限制或禁止托拉斯、卡特尔等，防止市场竞争秩序及其活力受到破坏；通过国有化和政府投资建设，控制那些有关国计民生和为整个社会服务而不宜被私人垄断的重要产业部门；制订国家计划和产业政策，力图诱导和制约私人的经济决策；运用金融、财税和其他经济手段，调控经济运行；规范格式合同，兴其利、避其害，防止契约自由原则和经济实力被滥用；强制国民收入的再分配，实行"福利社会"；通过诸如巴黎统筹委员会、国际货币基金组织、巴塞尔银行监管委员会等政府间政治或经济组织，在国际上实行统筹协调；在国际贸易和交往中，以国家的名义和形式开展经济协作和竞争；等等。上述种种国家对经济生活、经济进程的干预和参与，都是通过法的手段实现的，于是就出现了与民商法和其他传统法律迥然不同的经济性法律、法规，遂有法学家将其诠释为"经济法"。

社会主义公有制的建立，为国家自觉维护经济协调发展的经济法的孕育、发展准备了良好的条件。然而，始自俄国十月革命的社会主义思想具有浓重的中央集权和行政性色彩，法在经济体制及其运行中的作用远不及行政指令和行政指挥重要，无论从经济性法律关系中的民事因素湮没在行政之中来看，还是由经济体制本身缺乏以法来约束政府组织及其从事经济活动的客观要求来看，经济法都难以从行政法和国家法中脱颖而出。只有民主德国和捷克斯洛伐克于 20 世纪 60 年代认可了经济法，按经济法精神制定了经济法典、经济合同法和企业法等。南斯拉夫看到了"行政社会主义"的弊端，否定国家和计划，在社会所有制理论下建立了自治的"联合劳动制度"。但是既然取消了国家，国家的组织协调也就无从谈起，联合劳动组织的经济活动和经济关系概由市场机制自发支配，也就谈不上以国家对经济的干预和参与为基本特征的经济法。民主的、社会化的公有制尚未确定，苏联、东欧的社会主义大厦既已倾覆，自觉维护以公有制为主导的市场经济协调发展的高级经济法的建设，便历史性地成为落在中国人肩上的一项重任。

我国由计划经济转向社会主义市场经济，改革开放采取自上而下、上下结合、稳健、有序进行的模式，经济法制的重要性早已为各界一致认可，党和国家业已确立法治的基本方略，而我国政府在宏观和微观的经济管理、调控、参与方面的主观能动作用，为其他任何市场经济国家所不及，这就为经济法的形成和发展打下了坚实的基础。

（二）经济法形成的一般原因和规律

任何法律部门的产生，都需要主、客观两方面的条件。某一法的部门或门类产生的客观条件是，社会在发展中出现了需要以不同于以往的法律原则、制度来规范的某些社会关系，并有相应的司法实践或成文法规。如古罗马为了规范当时空前发展的商品交易，于公元前 242 年专门设置外事大法官，以处理罗马市民与外国人之间以及外国人相互之间的事务，主要是贸易事务。

在专事调整平等主体经济关系之数百年、千百万次重复的实践中，以法官造法的方式创造出了贯彻平等原则及采取平等补偿手段的万民法，并最终导致在公元 212 年罗马境内的居民原则上都可取得公民权，使平等主体的经济关系和法律关系在社会上得到普及。对此，恩格斯给予高度评价："……在这种平等的基础上罗马法发展起来了，它是我们所知道的以私有制为基础的法的最完备形式。"

虽然万民法大致与外事大法官同时产生，但是并非有了万民法就有法的部门划分。法律部门的形成还需要有主观条件，即由法学家对业已出现的客观社会经济条件和法律规范进行总结、解释和归类，形成相应的法学理论或学说，并在相当程度上为学界和社会所接受。否则，尚不能说已经出现某个新的法律部门。罗马帝国前期，罗马法学家乌尔比安提出了公、私法划分理论，并有一些法学家撰写了私法教科书《法学阶梯》，私法始成为独立于公法的法律部门。同样，在没有法律部门划分的情况下，公法也无从谈起。

法律部门形成仅有客观需要和新兴法律现象的出现是不够的，因为统治者或立法者、司法者们总是需要解决什么问题就去制定相应的法规，或以司法判例方式确立相应的规范或原则，所谓"头痛医头、脚痛医脚"，他们无意顾及法的体系和门类，也不顾及自己造出来的法究竟为何种性质、属于哪个法的部门，以及究竟应如何归类。正如在英美法系国家并无"民法"和经济法之说，只有财产法、合同法、代理法、侵权法、结婚法、离婚法、合伙法、公司法、反托拉斯法等，所以本书在谈论英美法系的经济法时，并非认为英美法国家及其法学界自身就有经济法和与大陆法的部门划分相同的其他部门法。

因此，任何法律部门的形成，都是社会经济、法制客观条件和有关主观学说结合和共同作用的结果。经济法也不例外，

通过对经济法产生的基础条件的观察，可以对经济法形成的一般原因和规律进行如下总结。

1. 社会化生产与生产关系的矛盾

从根本上说，生产力与生产关系的矛盾是现代经济法产生的根本原因。随着生产力的发展，资本主义的社会经济不断提出社会化的要求，为了消弭私有制与它的不兼容和垄断经济对资本竞争、生产力发展的阻碍，资本主义经济法必然产生。社会主义实践选择了高度集中的计划体制，人为地"拔高"生产关系，超越生产力的水平，拔苗助长，反而阻碍了生产力的发展，因此，必须改革不适应生产力发展要求的生产关系和上层建筑的某些部分。20 世纪 70 年代末，以公有财产决策和利用的分散化、民主化、社会化和法治为基本标志的社会主义改革，决定了现代社会主义经济法的产生。

2. 社会化导致现代国家对经济生活广泛而深入的介入

生产和经济社会化，使经济关系日益复杂，社会上各种层次的主体之间以及不同个体与社会整体之间的经济利益和经济行为的冲突日益加剧，决定了在经济领域内必须有一定的经济调节和利益协调的中心，从社会利益出发实行必要的经济管理和监督。在国有和公有制领域，更要求有一个公共机构来承担本质上内在于再生产过程、属于在社会层面上开展协作劳动的经济管理职能，而不是一般外在于生产过程的经济行政管理职能。这样的中心或机构，是任何阶层、集团或个人都不能胜任的，而只能由凌驾于社会之上的国家来充当。20 世纪以来，各类国家都在一定的经济体制内，日益加强干预和参与经济生活的广度、深度和力度，发挥国家在管理、组织、监督经济方面的职能。国家的这些职能活动多是通过法的手段实现的，现代经济法因此而产生。

当然，经济法学并不片面、孤立地强调经济关系的直接国家意志。国家干预、参与和管理经济生活的根本目的，是在有序的状态中保持和促进经济的活力，维持其生机，而不是单纯的管理和限制，更不能把经济管死。必须从这一基本点出发了解经济法的产生以及其与国家的关系，否则，就可能造成对经济法本质功能的扭曲和错误认识，从而将其与行政法甚至人治式的行政混为一谈。

3. "无形之手"和"有形之手"的协同并用

只有当市场调节之手和国家调节之手协同并用时，现代经济法才可能产生。无论实行资本主义抑或社会主义，当国家主观上只靠无形或有形的一只手来管理经济时，是不可能产生经济法的，如自由资本主义时期和我国的计划经济时期。在前一种情况下，只需民法和外在于经济的行政管理即可；在后一种情况下，只要有行政法和行政管理体制就行。

自由资本主义时期，社会经济生活主要靠无形的市场之手调节，国家采取的是不干预、不参与的政策，有形的国家之手很少被运用。在这种情况下，资产阶级民法当然地占据主导地位，经济法无从产生。资本主义进入垄断阶段后，垄断的实质就是对市场之手的基本属性——自由竞争的否定，它或限制市场调节，或滥用市场调节，这些都危及资本主义制度生存的基础。资产阶级国家不得不改变以往不介入经济生活的政策，不得不运用经济法律手段限制垄断，调控经济生活，但同时仍坚持市场之手的基础性调节。两只手并存并用，才能产生资本主义经济法。

从中华人民共和国成立伊始，我国就是依靠强有力的国家调节之手去组织和管理经济，另一只市场调节之手则处于自发并遭到人为限制的状态。改革开放的目的就是要改变过去那种同生产力不相适应的僵化模式，在社会主义公有制基础上实行市场经济，在全社会范围内努力自觉地运用价值规律，大力培育并有效运用另一只无形的市场调节之手，发挥其基础性调节作用。

同时必须明确，改革的目标和过程并不是否定或片面削弱国家之手对经济生活的调节作用，而应是"不该伸手的地方不伸手，该伸手的地方必伸手"。不能矫枉过正，把应有的国家调节之手砍掉。如果在观念和行为上走极端，重蹈资本主义国家曾经在主观上只靠市场调节之手管理经济的覆辙，不仅经济法无法产生和存续，而且经济的改革和发展都不可避免地会受到损害，改革开放以来曾经出现的市场无序、通货膨胀、对国有资产管理和国有企业放任自流等失控现象，为此提供了证明。

4. 纵向经济关系与横向经济关系的平衡结合

这是从经济关系的角度诠释经济法的产生，道理同上，因为无形之手多体现于横向经济关系中，而有形之手体现在国家主导的纵向经济关系中。两类经济关系平衡协调结合，经济法才可以产生。

自由资本主义时期，市场经济主要靠无形之手主导的横向经济关系运行，国家干预和参与经济生活的纵向经济关系面窄量少，作用有限，作为横向经济关系大法的民法独执牛耳，经济法既没必要也没有可能产生。到了垄断时期，由于垄断对资本主义自由竞争、私法自治等一系列原则的破坏，单纯靠发展横向经济关系推动资本主义发展已不可能，于是，资产阶级的代表人物和政府精英，不得不设置和发展必要的纵向经济关系，规制横向经济关系，解决两类经济关系的失衡，保持经济持续稳定发展。两类经济关系平衡协调，经济法随之产生。

社会主义国家由于实行计划经济，国家之手运作的纵向经济关系极其发达，无处不在，无时不有。由于忽视商品经济，总是采用利用、限制、改造的政策，所以横向经济关系极其萎缩，发育很差。在这种情况下，民法难以发挥作用，经济法更难以产生。20世纪七八十年代之交，我国开始经济体制改革，其主要方向和内容包括：一方面，大力发展商品经济所继承的横向经济关系，发展横向的联合、协作与竞争；另一方面，改革纵向经济关系机制模式和手段，使两类经济关系在新的体制中平衡协调结合。反映这一体制基本要求的中国经济法得以产生。

5. 经济集中与经济民主的对立统一

这对矛盾既存在于经济基础之内，也表现于上层建筑之中。例如，生产社会化的要求集中与各经济利益主体的要求分散的矛盾，国家参与和管理监督与市场主体独立自主的矛盾，中央统一领导与地方分权的矛盾，等等。国家调节之手和纵向经济关系往往体现着经济集中，市场调节之手和横向经济关系则意味着社会个体的经济民主。资本主义和社会主义的经济法，都是在经济集中与经济民主既对立又统一的矛盾中产生的。

6. 法和法学自身发展的逻辑

法和法学属于上层建筑范畴，但产生以后又具有自己的相对独立性。对于法和法学，既可依据所属社会形态和阶级本质划分历史类型，也可从其自身结构形态的变化去把握它的发展规律。

法和法学问世之后，大体经过了合、分、分合并行三种模式所体现的诸法合一、部门分化、专业高度分化基础上的高度整合三个阶段，在诸法合一阶段，法的发展处于朴素、野蛮和神秘阶段，社会处于自然经济、人治和宗教的力量之下，法在社会控制中的作用浮于浅表、尚未普遍深入，除古罗马以外的古代和中世纪皆然。部门分化阶段则与社会分工和联系的扩大相联系，伴随着大规模的交易和生产以及社会经济、文化的发展。这一阶段包括罗马共和国末期至帝国时期，尤以西欧和各国自由资本主义时代为典型。随着社会经济规模的扩大、政教分离和科学的发展，法除了其调整的规模和范围空前扩大外，其作用也不断渗入社会生活的深部，此时的法和法学根据法本身的性质和作用方式，分门别类地形成"五法"或"六法"及相应的学科。

社会经济的发展由量变到质变，使法和法学的发展进入我们当前所处的专业高度分化基础上的高度整合阶段。在这一阶段，高度的社会化建立在高度的专业化分工协作之上，科学、文明和人性得以弘扬，法调整经济的深度和广度为历史上之最。不仅自然人、组织和法人包括构成国家政权的各种公共团体的经济行为被纳入法律调整范围，而且计划、各种产业、公共管理、标准、工程、勘测、电信和其他种种经济技术性质的规范日益上升为法律规范，法的规范和专业技术规范之间已不存在明显界限，无法再将二者截然区分开来。现代国家对法规范的权力保障，也不能再简单地归结为诉讼和法律制裁的范畴。根据国家规范性文件的规定，以国家之整体组织力，围绕并服从某种要求，力求达到某种既定的效果或结构，譬如宪法关于经济体制等的规定、政府在一定时期内致力于推行的某种产业政策等，均需要政权强制力的保障。这是现代法的规范和法律调整的一种高级表现形式。实践因此呼唤着按新的标准对法重新分门别类，以适应法和法学发展的新趋势。

这一阶段由 19 世纪劳动法的孕育开始，到 20 世纪初经济法出现，再到十月革命后婚姻家庭法、土地法、集体农庄法、劳动法等在苏联都成了法律部门，直至今日环境法、社会保障法、知识产权法、国际经济法等部门的形成，乃至教育、卫生、体育、军事等专业性规范正从社会性规范和行政法中脱颖而出，成为现代法的重要部门。经济法恰是社会法和当代法发展大趋势中的一颗熠熠闪光的明星。

7. 一定的经济法学说之形成

如前所述，一定的学说且在相当程度上为社会所认可，是一个法律部门形成的必要条件。经济法部门的形成，自然也有赖于某种主流经济法学说暨经济法学在一国的确立，尤其是统治者对它的认可和推广。譬如我国官方将经济法定为法学核心课程，设置经济法专业硕士和博士研究生学位点，最高权力机关将经济法列为我国七大法律部门之一，以及历史上捷克斯洛伐克制定的经济法典等，都可以作为经济法产生的主观标志或因素。

二、经济法的发展

（一）资本主义国家经济法的发展

资本主义从自由竞争进入垄断阶段后，极大损害了中小资产阶级的利益。国家权力大规模介入社会生活以后，资本主义经济法才得以产生和发展。

1. 反垄断法

19世纪末20世纪初，资本主义国家中垄断开始形成并不断发展，以美国、德国尤为典型。垄断出现且迅猛发展，一方面加深了广大劳动群众的疾苦，另一方面损害了中小资产阶级的利益。因而加剧了社会矛盾，引发了广泛的不满和反对。再则，垄断直接妨碍甚至窒息了竞争。美国国会于1890年通过了第一部反垄断法令——《保护贸易和商业不受非法限制与垄断之害法》（即《谢尔曼法》），1889年加拿大曾通过了《禁止限制性贸易合并法》。1914年美国又通过了性质相同但更为严厉的《克莱顿法》和《联邦贸易委员会法》。其直接目的是防止垄断对贸易的限制，促进竞争。上述法令规定对被认定为垄断的公司、企业给予一定惩罚，因此对垄断的发展予以了一定的限制。特别是第二次世界大战后，美国的做法，在资本主义世界被广泛效仿。

德国则采取反不正当竞争与反垄断分别立法、独立并存的立法模式。1896年德国率先制定了《反不正当竞争法》，它是世界上最早作为特别法立法的禁止不正当竞争的法律，该法的制定标志着对不正当竞争立法的开始，对德国本国和其他国家的立法都产生了深远的影响。第一次世界大战前卡特尔协议在德国十分盛行，几乎遍及各个经济领域，成了企业从事限制竞争行为的主要方式。1923年德国颁布《卡特尔条例》允许对"滥用经济强权"的卡特尔向卡特尔法院起诉，"卡特尔法"这一大名沿用至今。1933年纳粹上台后，开始推行国家统治经济政策，正式废止了《卡特尔条例》。"二战"后德国以美国反垄断法为蓝本，制定了有关禁止卡特尔行为的法律。随着经济的恢复和发展，为了进一步规范市场，德国于1957年由国会通过了《禁止限制竞争法》。后经多次修改，形成了由一个单项法规专门规定的不同于美国的反垄断立法模式。

资本主义国家广泛实行反垄断法律制度，对保持市场经济不可缺少的必要竞争，缓和社会矛盾，起到了积极的作用，在西方国家法学界具有典型的立法价值，在世界法律的发展史中也具有十分重要的意义。

2. 战时经济统制法

两次世界大战对经济法的发展，起到了一定的推动作用。在战争前和战争中，交战国大多通过立法控制本国经济，控制战略物资的生产和流通。对这些服务于战争的法律，法学界称其为"战时经济统制法"。

需要指出的是，战时经济统制法并不是真正意义上的经济法。它仅限于浅表层次和应急方式以回应不期而至的社会化要求，实质上与客观经济规律不相吻合。我们所讲的经济法，应该是适应市场经济发展的需求，保持市场完全的、真正自由交易和竞争的法律。战时经济统制法实质上是与此背道而驰的。但它却肯定表明了当有所需要时，国家权力可以对社会经济进行一定控制，以实现国家的某种政策目标。因此，这种立法现象对"二战"后一些国家推行政府主导型的市场经济模式，确实起到了一定的启示作用。当国家适应经济社会化需要，对经济关系加以正常协调的法律秩序建立之后，它也就寿终正寝了。

3. 经济危机对策法

资本主义经济危机在进入垄断阶段以后，更加恶化。特别是1929—1933年的大危机席卷了整个资本主义世界，无一幸免。危机表明了市场经济的弊端，单靠市场机制自发调节，单靠"利己之心"这只无形之手调节社会生活，必然导致生产的无政府状态，最终导致经济危机的恶性发展。为缓和经济危机，主张国家干预私人经济的凯恩斯经济学理论应运而生了。

面对空前的世界性经济危机，资本主义国家不得不放弃长期奉行的"不干预主义"政策而以国家权力对社会经济进行调节，以求渡过危机。20世纪30年代美国的"罗斯福新政"就是这一历史转变的标志。那一时期，美国颁布施行了一批经济法。

"罗斯福新政"期间，国家对社会经济的调节主要表现在以下方面：第一，在货币信贷方面，对整个信贷系统实行全面管理，对银行进行清理；美国政府保障存款，并对金融界先后发放30亿美元的巨额贷款，放弃金本位制，实行货币贬值；第二，在工业方面，1933年夏实施《全国产业复兴法》，对各个工业部门的生产规模、价格水平、销售定额、雇佣工人的条件、消费品供应等方面进行控制和调节；第三，在农业方面，通过《农业调整法》及一系列条例，规定用政府拨款、奖励和津贴的办法，调整农业生产规模，扶持农场主渡过严重的农业危机；第四，鼓励向海外投资；等等。

"罗斯福新政"实际上是对资本主义法制的一次改革和创新，是经济发展史上的一个重要里程碑，对后来应对经济危机起到了积极的借鉴意义。如果说，反垄断法是经济立法的开始，那么危机对策法就标志着经济法地位的确立。危机对策法实质上就是当今所用的宏观经济调控法。不同之处在于，宏观调控法调整的范围更加宽泛，包括经济危机的防范与治理，不只是单一被动的治理危机。随着经济社会化的客观内在要求普遍显现，适应这种要求的个别经济主体自律及其社会性协调管理逐渐融入个人和社会之理性，经济法之体现国家自觉维护经济协调发展的因素日益增长，逐渐走上了自觉立法的阶段。

4. 经济振兴法

第二次世界大战结束后，法国为了尽快恢复本国经济，在市场经济的基础上引入计划调节手段。法国在 1946 年设立国家计划署，并于 1947 年开始实行第一个计划法令，到 1985 年就已制订和实施了九个计划。总体来讲，法国在战后基本上没有放弃计划调节的手段。它的计划基本上是中长期发展计划，只对企业起指导作用，没有指令性性质。两种调节方式的结合使用，使战后的法国国民经济迅速恢复并保持了较高的增长速度，至 20 世纪 70 年代，经济增长率基本维持在年均 5% 左右，这在整个资本主义世界已经是很可观的速度了。

还需要提及的另一个国家就是日本。"二战"后日本也是实行计划调节，注重长期计划，把长期经济发展同产业振兴政策、法令衔接起来。20 世纪 50 年代中期，日本基本上完成了恢复经济的任务，随即推行产业振兴政策和法令。日本于 1956 年颁布施行《机械工业振兴临时措施法》，于 1957 年颁布施行《电子工业临时振兴措施法》，1961 年 6 月通过《农业基本法》，同年 11 月又通过了《农业现代化资金助成法》，1963 年颁布实施《中小企业法》，等等。这些法律法令既要调整产业结构、企业结构关系，同时也是对国民经济中某些薄弱环节部门，以国家的力量来推动和振兴。20 世纪 60 年代以后，日本的汽车、电子工业以及农业等重要产业部门，在经济振兴政策和法律法令的调整下，取得了举世瞩目的成就，证实了政策和法律法令颁行的成功。

当时，上述国家所出现的新的立法现象，引起了法学界的关注。经过不懈的探索研究，终于在 20 世纪 30 年代，形成了经济法这一新型法律部门和法律学科。

（二）中国经济法的发展

1. 1949 年以前的经济法

我国经济法，并非如有些学者所说的那样产生于古代。严格意义上的经济法只能是国家自觉组织、管理社会经济的法律。因此，我国经济法同西方国家经济法的产生大体是同步的，但时间上稍后。

依据官方史料，我国经济立法正式开始于 1929 年"中华民国"南京政府时期。南京国民政府立法院根据国民党第三届中央执委会第二次全会有关决定制定了《训政时期立法工作按年分配简表》，其中开列了各项立法计划，"经济立法"与民事、商事，以及其他立法并列为国家立法任务。

《训政时期立法工作按年分配简表》除了规定民法、商法、劳工法、土地法，以及其他法典的起草计划外，又以并列形式另辟一栏"经济立法之规划"。这一立法规划，是我国法律发展史上第一次正式使用"经济立法"这一概念。后来南京政府经济部在王云五先生（时任经济部长）主持下，先后由官方大规模编撰《经济法规汇编》，它是我国法律史上第一次使用"经济法规"这一概念。

2. 1949 年以后的经济法

1949 年中华人民共和国成立，废除了国民党政府的法律统治，全面摧毁了国民党政府所实施的法律制度。与此同时，中华人民共和国开始了创建和发展社会主义法制的新时期，制定和颁布了一批经济法规，对国民经济的恢复和社会主义建设起到了推动和保护的作用。党的十一届三中全会以后，国家又进行了大量的经济立法工作。从时间和现实立法状况看，大致可分为三个阶段。

（1）国民经济恢复和社会主义改造时期的经济法。

中华人民共和国成立以后，我们一方面要迅速地恢复和发展国民经济，进行有计划的经济建设；另一方面要解决民主革命尚未解决的问题，完成对生产资料私有制的社会主义改造。

①为进行土地改革而制定的经济法。中央人民政府政务院制定了《关于处理老解放区市郊农业土地问题的指示》《关于新解放区土地改革及征收公粮的指示》，紧接着在 1950 年 6 月颁布了《中华人民共和国土地改革法》。这一时期仅中央和大行政区所颁布的土地改革方面的法律，法令、条例等就有四十多件。

②对生产资料私有制的社会主义改造方面的经济法。全国人民代表大会、人大常委和国务院先后制定了《农业生产合作社示范章程草案》《高级农业生产合

作社示范章程》《关于对私营工商业、手工业、私营运输业社会主义改造中若干问题的指示》《公私合营工业企业暂行条例》《关于在公私合营企业中推行定息办法的规定》，以及在统购、统销、调整工商关系、劳资关系等方面的经济法规。

③恢复和发展国民经济方面的经济法。为了适应国民经济恢复和发展的需要，国家先后制定了《私营企业暂行条例》《预算决算暂行条例》《基本建设工作暂行办法》《中华人民共和国矿业暂行条例》《关于统一财政经济工作的决定》《机关、国营企业、合作社签订合同契约的暂行办法》《关于全国国营贸易实施办法的决定》《国民经济计划编制暂行办法》《对外贸易管理条例》等一批重要的经济法规。此后，又以实现社会主义工业化为中心，针对国民经济活动所发生的经济关系，制定了内容广泛、数量众多的经济法规。

（2）全面开展社会主义建设时期的经济法。

社会主义改造基本完成以后，我国进入了全面的社会主义建设时期，直到"文化大革命"开始。这一时期，由全国人大常委会批准颁布了一些单行经济法规，如《国家征用土地办法》《华侨投资于国营华侨投资公司的优待办法》，以及改进工业管理体制、商业管理体制、财政管理体制和税收管理体制的四个规定。此外，国务院及其所属部委制定和颁布了有关国民经济管理工作中的大量的单行经济法规。

（3）党的十一届三中全会以来，我国进入了一个新的历史发展时期。这个新时期的总任务就是把我国建设成为具有高度物质文明和高度精神文明的社会主义现代化强国。在这个新形势下，我国的经济立法工作也进入了一个新阶段。从1977年到1984年年底，全国颁布的重要经济法规近三百个。

①全国人民代表大会和人大常委会制定的重要的和基本的经济法律。从1979年五届人大二次会议通过第一个重要的经济法律——《中华人民共和国中外合资经营企业法》以来，又陆续制定了《中华人民共和国中外合资经营企业所得税法》《中华人民共和国个人所得税法》《中华人民共和国计量法》《中华人民共和国商标法》《中华人民共和国专利法》《中华人民共和国统计法》《中华人民共和国专利法实施细则》《中华人民共和国环境保护法（试行）》《中华人民共和国海洋环境保护法》《中华人民共和国森林法》等十几个经济法律。

②国务院制定的经济法规。国务院根据宪法和人大常委的授权，制定了不少经济法规。这些法规涉及国民经济生活和经济体制改革的各个方面，其中有关于搞活农村经济的经济法规；有关于国营工业企业、集体企业和个体经济的法规；

有关于改善和加强经济管理，指导改革，巩固改革成果的法规；有改善经济流转关系，健全合同制度的法规；有维护和稳定社会主义经济秩序，保护消费者利益的法规；还有规定国际经济技术合作关系方面的法规等。除此之外，为了贯彻执行经济合同法，近年来国务院又制定了工矿产品购销、农副产品购销、借款、建设工程勘察设计、建筑工程承包、财产保险、经济合同仲裁等一系列配套条例。为了贯彻执行涉外方面的经济法律，相应颁布了中外合资经营企业、侨资企业、外资企业、外汇管理、涉外税收、劳动和土地管理方面的涉外经济法规四十多个。

③各省、自治区和直辖市制定的经济法规。根据我国有关法律规定，省、自治区、直辖市根据本行政区域的具体情况和实际需要，在与国家宪法、法律不抵触的情况下，有权制定和颁布地方性法规。1979 年以来，各省、自治区、直辖市为保障本行政区域内经济建设的顺利进行，保证国家有关经济法律的实施，也制定了一大批地方性经济法规。涉及征用土地、村镇建房用地、水利工程管理、保护森林、草原建设，以及涉外经济管理等多个方面。

④经济法迅速发展的社会背景和历史必然。首先，依据基础条件来考察，它是我国的生产方式和经济模式决定的。我国社会生产力水平与发达国家相比虽然还有一定的差距，但就总体上特别是从城镇经济方面看仍属社会化大生产；我国的经济模式，是社会主义市场经济体制，属现代商品经济。如此这般即具备了经济法植根的土壤。加之国家正确、自觉地发挥现代国家应有的经济职能，为经济的产生和发展提供了必要的社会条件。其次，是党和国家把工作中心转移到经济建设上来的必然结果。党的十一届三中全会以后，工作重心就是搞经济建设，就使得党和国家有可能、有精力研究和处理经济发展的各种问题。"文化大革命"深刻的教训，让党和国家乃至全国人民都感受到加强社会主义法治建设的必要性和紧迫性。一手抓建设、一手抓法制，这一决策有力地促进了经济法的产生和发展。最后，我国进行的经济体制改革，是经济法产生和发展最直接、最强大的动力。历史的经验告诉我们改革就是要"变法"，要破除旧的法律制度，建立新的法律制度。一方面，改革需要除旧立新，以扫除改革路上的障碍；另一方面，改革的成果需要通过立法予以肯定，并推动改革的进一步发展。

第二节　经济法律关系分析

一、经济法律关系的概念

（一）法律关系

法律关系是指法律规范在调整人们行为过程中形成的权利义务关系。

（二）经济法律关系

经济法律关系是指在国家对管理经济、协调经济活动过程中根据经济法的规定而形成的权利和义务关系。即法律上的权利与义务的关系，或者说法律关系是指被法律规范所调整的权利义务的关系。

二、经济法律关系的要素

法律关系是由法律关系的主体、法律关系的内容和法律关系的客体三个要素构成的。缺少其中任何一个要素，都不能构成法律关系。

（一）经济法律关系的主体

1. 经济法律关系主体的概念

经济法律关系的主体也称经济法的主体，是指参加经济法律关系，依法享有经济权利和承担经济义务的当事人。

经济法律关系的主体是经济法律关系的参加者、当事人。在经济法律关系中，享有权利的一方称为权利人，承担义务的一方称为义务人。

2. 经济法律关系主体的资格

主体资格是指当事人参加经济法律关系，享有经济权利和承担经济义务的资格和能力。一般来说，法人和社会组织的权利能力与行为能力是一致的，但对公民来说，有权利能力，不一定就有行为能力，法律一般以年龄和精神智力状况作为确定和判断公民行为能力的依据。

3. 经济法律关系主体的种类

（1）国家机关。国家机关是指行使国家职能的各种机关的统称，包括国家权力机关、国家行政机关和国家司法机关等。作为经济法律关系主体的国家机关主要是指国家行政机关中的经济管理机关。

（2）社会组织。它是市场中最主要的主体，是经济法律关系中最广泛的主体。主要包括：企业、事业单位、公司、农村经济组织、社会团体。

企业是指依法设立的以营利为目的的从事生产经营活动的独立核算的经济组织。

事业单位是指由国家财政预算拨款或其他企业、社会组织拨款设立的从事文化、教育、科研、卫生等事业的单位。例如：学校、医院、科研院所等。

社会团体主要是指人民群众或社会组织依法组成的非经营性的社会组织，包括群众团体、公益组织、文化团体、学术团体、自律性组织等。例如：党团组织、工会、妇联、学术团体等。

（3）经济组织的内部机构和有关人员。经济组织内部担负一定经济管理职能的分支机构和有关人员，在根据法律、法规的有关规定参加经济组织内部的经济管理法律关系时，则具有经济法律关系主体的资格。

（4）个人。包括个体工商户、农村承包经营户和自然人。当他们参与经济法律、法规规定的经济活动时，便成为经济法律关系的主体。

（二）经济法律关系的内容

经济法律关系的内容，是指经济法律关系的主体享有的权利和承担的义务。作为经济法律关系内容的经济权利和经济义务，由于其享有者或者承担者具有不同的地位和身份，因此他们所享有或者承担的权利与义务并不相同。

1. 经济权利

经济权利是经济法律规范所规定的，经济法律关系的主体所享有的某种权能。它包含以下几层意思。

（1）权利主体有权在法律规定或者合同约定的范围内，根据自己的利益或者意愿为一定行为或者为不一定行为。例如，财产所有权人在法律规定的限度内，有权按自己的意愿对自己的财产进行占有、使用、收益、处分，他人不得干预。

（2）权利主体有权在法律规定或者合同约定的范围内要求义务主体为一定行为或者不为一定行为，以便实现自己的某种利益。例如，对假冒注册商标的行为，商标权人有权要求侵害人停止侵权行为；买方有权要求卖方按合同约定的时间、地点、方式交付标的物；等等。

（3）在权利受到侵害或者义务主体不履行义务时，权利主体有权请求人民法院或者其他有关机构予以保护。例如，对专利侵权行为，专利权人既可以请求专利管理机构予以制止、纠正，又可以向人民法院提起诉讼。

2. 经济义务

经济义务，是指经济法律规范所规定的，经济法律关系的主体所承担的某种必须履行的责任。它与经济权利一样，也包含下列三层意思。

（1）义务主体必须根据法律的规定或者合同的约定为一定行为或者为不一定行为，以便实现权利主体利益。例如，没有法律的规定或者合同的约定，非财产所有人不得占有、使用、收益、处分他人的财产。不侵害他人的财产所有权，也就能够使财产所有人的权利得到充分实现。

（2）义务主体的义务是有限度的。负有义务的人，只需要在一定范围内为一定行为或者不为一定行为。对于权利主体超出法定或者约定范围内的要求，义务主体有权拒绝。例如，承租人按照租赁合同约定的时间和金额向出租人交付租金后，对出租人提出的超出合同范围的其他负担或者费用，有权拒绝给付。

（3）经济义务是一种法律义务，受国家强制力的约束。义务主体对于自己承担的经济义务，应当自觉地履行。如果不履行或者不适当履行，国家就要干预，义务主体就要承担相应的法律责任。

在具体的经济法律关系中，经济权利和经济义务是将双方当事人联系在一起的纽带，二者是相互依存，密不可分的。经济权利的具体内容总是通过与之相对应的经济义务来表现的，而经济义务的具体内容又总是由与之相对应的经济权利来决定的。经济权利和经济义务正是从不同的角度来表现同一个经济法律关系的具体内容。

（三）经济法律关系的客体

1. 经济法律关系客体的概念

经济法律关系客体，是指经济法律关系主体享有的权利和承担的义务所共同指向的对象。如果仅有经济法律关系主体和内容，却无客体，那么经济法上的权利和义务是没有意义的，因而经济法律关系也是不能成立的。

2. 经济法律关系客体的种类

（1）物

物，是指现实存在的人们可以控制、支配的一切自然物和劳动创造的物，如矿藏、水流、土地及劳动创造的各种具体的物。

（2）货币和有价证券

货币按其性质来说，是一种特殊的商品，它直接体现着社会劳动，是一种财富的代表。它既是用来衡量和表现其他商品的价值尺度，又是商品交换的媒介、支付的手段。有价证券是设定并证明某种权利的凭证，如支票、汇票、本票、国库券、股票、公司债券等。

（3）行为

行为，是指经济法律关系主体为了达到一定的经济目的所进行的活动，包括国家经济管理机关的管理行为，市场主体完成一定工作或者提供一定劳务的行为，如经济决策行为、审查批准行为、加工承揽行为、货物运输行为、保管行为等。

（4）智力成果

智力成果是无形财产，是指存在于一定载体之中、具有一定的经济价值、属于经济法保护范围的人们用脑力劳动所创造的非物质财富。主要有著作权、发明、实用新型、外观设计、专有技术、商标等。

三、经济法律关系的产生、变更和终止

（一）经济法律关系产生、变更和终止的概念

所谓经济法律关系的产生，就是指由经济法律规范所确认和调整，在经济法主体之间形成经济权利和经济义务关系。比如企业依照专利法签订专利许可合同，合同双方就都享有一定的经济权利并承担一定的经济义务，从而使他们之间形成了许可合同法律关系。

所谓经济法律关系的变更，就是指经济法律关系客体、主体和内容的变化。客体变更既可以是客体范围的变动，也可以是客体性质的变化；主体变更既可以是主体数目的增减，也可以是原有主体的变更。经济法律关系的客体和主体变了，相应的经济权利和义务，即经济法律关系的内容也就随之改变。

法律关系的终止是指经济法律关系主体之间的权利和义务关系的消灭和不存在。

（二）经济法律关系的产生、变更和终止的条件

经济法律关系的产生，变更和终止需要具备以下两个条件。

（1）经济法律规范的颁布和实施。如果在某一经济领域，国家还没有颁布

和实施经济法律和法规，那么这一经济领域就不会有经济法律关系的产生，更谈不上经济法律关系的变更和终止。

（2）经济法律事实的出现。经济法律规范的颁布和实施并不能直接引起经济法律关系的变化，只有当经济法律事实出现时，才会引起经济法律关系的产生、变更和终止。

经济法律事实是表示能够引起经济法律关系产生、变更和终止的客观情况。根据与经济法主体的意志是否有关，可以把经济法律事实分为行为和事件两大类。

①行为。行为是指能够引起经济法律关系的产生、变更和终止的经济法主体有意识的经济活动。按性质又可分为合法行为和违法行为。合法行为是指符合法律和法规规定，受到法律保护的行为，如生产经营行为和经济管理行为等。违法行为是指法律明文规定禁止的行为，如偷税漏税行为和滥用经济职权行为等。

②事件。事件是指能够引起经济法律关系的产生、变更和终止，但不以经济法主体意志为转移的客观现象。事件包括社会现象和自然现象，社会现象如战争和政变等，自然现象如海啸和地震等。

第三节　经济法理论基础

一、经济法的概念

经济法是调整国家在管理与协调经济运行过程中发生的经济关系的法律规范的总称。这个概念包括三个方面的基本含义：一是经济法属于国内法的体系，但它不同于国内法体系中的其他法律部门，经济法作为一个独立的法律部门，要求经济运行过程必须依赖于国家的协调、管理和监督；二是经济法具有确立市场主体地位和资格、规范市场主体行为、维护市场秩序、加强国家宏观调控、确保劳动和社会保障等功能；三是经济法只调整特定的经济关系，即国家在调整经济运行过程中所发生的经济关系。

二、经济法的本质

经济法的本质具有两层含义：一是指一般意义上的法律的社会性和阶级性等；二是指经济法具有不同于其他法律部门的性质或属性。

这里我们所讲的经济法的本质是指经济法具有不同于其他法律部门的性质或属性。具体而言，可以概括为以下五个方面。

（一）经济法是社会本位法

经济法的社会本位，是指它在对经济关系的调整中立足于社会整体，在任何情况下都以大多数人的意志和利益为重。民法是个人本位法（权利本位法），行政法是国家本位法（权力本位法）。经济法以社会利益和社会责任为最高准则。无论是国家机关还是企业和个人等，都要首先对社会负责，在对社会尽责的基础上享有权利和获得利益。

（二）经济法是平衡协调法

经济法作为国家干预经济的一种重要方式，其主要目的是协调和处理好社会整体与社会个体之间的意志、行为和利益的矛盾，以保证社会经济持续、稳定和协调发展。

（三）经济法是经济集中与经济民主对立统一的法

经济集中与经济民主是现代市场经济社会中的突出矛盾。经济法作为一种新兴的法律部门，是在它们的对立统一中产生和发展，并由此体现经济法的本质和功能的。

（四）经济法是系统、综合调整法

随着社会化和市场经济的发展，经济关系日趋复杂多变、相互联结和相互渗透，出现了对经济关系进行综合治理和系统调整的客观要求。经济法还是反映经济关系分化与综合两种发展趋势要求，体现法律的统、分两种调整机制功能的法律部门。

（五）经济法是"以公为主，公私兼顾"的法

随着市场经济的发展，市场的缺陷不断暴露，同时国家的经济社会职能不断扩张，传统的私法和公法都无法实现对市场经济的有效规制。因此，作为协调平衡市场经济发展，弥补市场失灵与政府失灵的第三法域——经济法产生了。经济法的目的是实现市场经济的宏观平衡与微观平衡。

三、经济法的法律渊源

经济法的法律渊源也称经济法的形式，是指经济法律的存在或表现形式。我国法律制度在形式上属于成文法，因此判例不作为法律渊源。就现有立法情况来看，经济法的法律渊源主要有以下几种。

（一）宪法

宪法规定国家根本制度和根本任务，是国家的根本大法，由全国人民代表大会制定和修改，具有最高法律效力。宪法是"母法"，是一切法律的基础。经济法以宪法为渊源，除与其他法律、法规、规章、命令、指示等一样不得与之相违背外，主要是从中吸收有关经济制度的精神。宪法是经济法最重要的渊源。

（二）法律

法律是由全国人民代表大会及其常务委员会制定、颁布的规范性文件，在地位和效力上仅次于宪法。以法律形式表现的经济法构成经济法的主体和核心部分，如《中华人民共和国公司法》《中华人民共和国合同法》等。

（三）行政法规

行政法规是指作为国家最高行政机关的国务院制定的规范性文件，其地位和效力仅次于宪法和法律，高于部门规章和地方法规。经济法大量以该种形式存在，如《中华人民共和国合伙企业登记管理办法》等。

（四）地方性法规

地方性法规是地方国家权力机关制定的规范性文件。地方性法规不得与宪法、法律和行政法规相抵触。全国人民代表大会及其常务委员会还专门制定了一些授权法，授权有关地方国家机关就经济体制改革和对外开放方面的问题制定专门的法规。

（五）部门规章

部门规章是指国务院的组成部门及其直属机构在其职权范围内制定的规范性文件，如中国证监会发布的《上市公司信息披露管理办法》等。

（六）司法解释

司法解释是最高人民法院、最高人民检察院在总结审判经验的基础上发布的指导性文件和法律解释，这也是经济法的重要形式之一，如最高人民法院发布的《关于审理不正当竞争民事案件应用法律若干问题的解释》《关于审理建设工程施工合同纠纷案件适用法律问题的解释》等。

（七）国际条约或协定

国际条约或协定是指我国作为国际法主体同外国或地区缔结双边、多边协议和其他具有条约、协定性质的文件。上述文件生效以后，对缔约国的国家机关、团体和公民就具有法律上的约束力。因而，国际条约或协定便成为经济法的重要形式之一，如我国加入世界贸易组织与相关国家签订的协议、我国与有关国家签订的双边投资保护协定等。

四、经济法与民法、行政法的关系

（一）经济法与民法的关系

经济法与民法的共同之处就是它们同属于上层建筑的组成部分，都以经济关系作为自己的调整对象。但由于它们调整的商品经济关系不同，所以又各有其特殊性。经济法与民法的根本区别就在于：前者是以对社会经济的宏观调控为出发点，而后者是与以私有制为基础的商品经济相适应。具体来说，两者的区别概括如下所示。

（1）调整对象不同。经济法的调整对象是国家对经济活动的协调和管理关系，而民法的调整对象是平等主体的公民之间、法人之间、公民与法人之间的财产关系和人身关系。

（2）调整目的不同。经济法调整的目的主要是维护国家和国家经济的整体利益，而民法调整的目的主要是保障公民、法人的合法民事权益。

（3）主体地位不同。经济法的主体地位具有不平等性，而民法的主体是平等的公民、法人或其他组织。

（4）调整的原则、方法不同。经济法调整的原则是既要体现主体平等，又要服从统一的国民经济计划，体现上下级的服从关系；而民法调整的原则是民事主体地位平等，自愿、平等、等价有偿，诚实信用，合法，尊重社会公德、社会公共利益，民事权益受法律保护。民法在调整方法上主要采取民事的方法，而经济法则采用经济、行政和刑事的综合方法。

（二）经济法与行政法的关系

行政法是调整行政管理关系的，包括行政主体和行政行为等。经济管理关系与行政管理关系不同，尽管在行政法中也包括经济管理关系，但经济法调整的经济管理关系要比行政管理关系广泛、深入得多，而经济法调整的特定经济关系更是行政法所不可及的。另外，行政法的主体与经济法的主体也是不同的，它不包括经济组织内部的职能机构和生产经营单位。在调整方法上，行政法使用行政命令的方法，采取行政制裁的形式；而经济法则采用隶属关系与平等协商相结合，以追究经济责任、行政责任直至刑事责任相结合的制裁形式。

第四节　现代经济法的价值分析

一、现代经济法在社会经济发展中的价值

（一）经济法的社会功能

要想为经济发展创造良好的发展空间，消除市场经济的弱点，维持公平公正的市场交易秩序，务必借助经济法的社会职能，保障政府对经济的宏观调控，保证市场主体的规范化，同时规制市场、政府失灵。我们在开展各项经济活动时，第一步必须要确保经济信息的充分、有效，这样在面对经济市场变化时我们才能够做出准确无误的预判，迅速修正各种措施，保证经济活动的顺利进行；其次，经济法还有益于经济社会中的个体和组织，给予他们分配权利与义务的功能，法律要求每个人在享受经济法提供的权利时，必须主动遵守自己应履行的义务与职责；最后，经济法还具有减少民众交易费用的功能，经济活动的开展必然会产生一定的费用，为了获取更多的收益，人们都会想方设法地降低成本，减少费用。通过经济法我们可以获取到额外的经济信息，减少信息查询成本，同时，对于每项交易行为，经济法还制定了相关规范，减少了不必要的鉴定费用。因此，在我国社会经济发展中，经济法的社会职能不容忽视。

（二）在社会公平分配中的价值

在经济发展中，经济法有多种独特功能，如维护社会经济稳定，各项资源平等分配。将经济法中的公私融合属性、经济社会属性，以及其他属性融合在一起，

凸显经济法地位重要性，对社会资源分配将产生积极的影响。在对社会资源公平分配时，强化平衡与协调的核心目标。从两个层面入手，即社会与个人、个人与个人，使双方在经济上能够达成一致，或者是以一方为工作核心而让步，这样才能创造出更多的社会利益，保证社会经济的平等与公正。此外，为了保证我国社会经济风险的可控性，我们要充分借助经济法平稳经济风险这一功能，致力于解决我国社会经济发展中存在的诸多问题，如内部供给与需求失衡、消费群体间收入差距过大等。

（三）在社会公平竞争中的价值

在社会经济发展过程中，经济法的应用价值还包括促进社会竞争的公正性。目前，我国的经济法主张以经济发展为本，能够直接调节经济发展中的各项事宜，即不同类型的社会关系会在经济发展过程中不断涌现。通过运用经济法，在借鉴其他法律的基础上，对社会市场经济竞争中的保护与控制体系进行优化与完善。同时，经济法可以发挥其特点，积极干预市场竞争，即运用经济法公平竞争的特点，重新调配司法关系。在此基础上，我们应该以经济法肩负的社会责任为基本，结合目前我国社会经济发展趋势以及民商法具有的性质，以期确保社会经济交易竞争的公平性。

（四）在缩小社会贫富差距中的价值

当今，社会经济在发展的同时，也产生了一系列问题。一方面，居民的收入不均，贫富差距逐步拉大；另一方面，在追求经济发展时，忽略了生态环境保护问题，环境污染问题日益加剧，能源紧缺成为难题。我们必须思考，用智慧化解这些难题。实际上，在经济发展中，必然会产生这些问题，重要的是能够找到解决问题的方法。当前，我国大力倡导共同富裕，其着力点就在于持续加强制度建设，完善制度体系，强化制度执行力。为保障社会化生产的顺利进行，就必须同时发挥市场和政府必要干预两方面的共同作用，而经济法既在微观领域对经济进行规制，又在宏观方面对经济进行整体调控的特性，恰好满足了这种社会需要。

二、现代经济法在金融风险防范中的价值

（一）安全价值

安全是所有法律共同的价值取向，不同的法律保护权益也不尽相同，究其本质来说，安全价值是核心价值，但不同法律对于安全价值的定义也不同。比如，刑法侧重于保护国家、社会和公民的人身、财产安全；民法侧重于保障平等主体间的经济安全，而经济法侧重于保障国民经济安全。对于金融行业来说，经济法所体现的安全价值在于金融财产的安全、金融体系的正常稳定运行等，金融安全是经济法安全价值在金融行业中的重要体现。然而金融风险具有普遍性，金融安全与金融风险、金融危机是相对应且紧密相连的。美国 2008 年爆发的金融危机，最大的根源也是法律层面的疏漏，对此我们应吸取教训，完善我国金融行业的法律制度，做到以经济法为根基，平衡好安全与效率及利益之间的关系，切实保障我国经济环境与金融行业的稳定运行。

（二）效率价值

在中国，大多数法律学家一致认可经济法具有极强的社会功能，经济法与社会经济具有不可分割性。因此，政府在引导市场经济发展的过程中，需要更加重视市场经济效益问题的解决方法，应以社会主体为经济法基础，以获取最大社会经济利益为经济法目标，通过推行经济法，提升金融市场的整体效益，带动中小规模企业的发展，实现社会经济平均水平的增长。

我国金融行业及宏观经济的快速成长，经济法在其中发挥了不可忽视的直接作用。譬如，一方面，经济发展趋势受经济法的指引与领导；另一方面，社会大众既可参照经济法监察其他经济主体的行为，同时可按照经济法合理规范自身的运营行为，确保运营行为时刻处于经济法允许范围之内。因此，在各类与经济有关的活动中，经济法均对其进行了合理的规范与监督，即经济法的效率价值可体现在经济管理活动的整个流程中。单从经济领域观察，经济法凭借自身的效率价值，可快速筛选出市场中出现的各种不同类型的金融活动，从而选择与行业发展需求匹配的合理项目，科学分配市场中的各类资源，确保资源利用最大化。因此，实施经济法有利于预防金融风险。

三、现代经济法在农业发展中的价值

（一）经济法对农业法的价值

每个人的生存都离不开农民生产的农副产品，农业发展对于维护社会稳定起着至关重要的作用。国家为保障农民合法权益，保护在经营市场中长期处于弱势地位的农民，鼓励农民积极参与到农产品流通过程中，夯实农业在国民经济中的重要位置，推动农业发展，提升农民的经济收入和文化素养，改善农村环境，促进农业健康稳定发展，制定农业法。农业法隶属于经济法的子部门，它具有国家针对农业经济活动适度干预的经济法特征，同时也具有倾斜保护农民利益、保护农业产业的政策性特征。我国对农业法的研究开始得较晚，想要科学地找准适当的农业法原则就离不开对经济法立法目的适用原则的深入研究和理论精神吸取。

（二）经济法保护了农民的权益

我国消费者权益保护法以保护在市场中相较弱势的消费者的基本权益和合法利益为取向，经营者往往掌握着更全面的产品信息和商业资源。经营者为消费者提供商品或服务时应遵循本法。消费者权益保护法第 4 条规定，在市场经营活动中消费者与经营者之间的交易以双方处于平等地位的情况下基于本人的真实意愿自愿发生交易，该交易应当是平等的双方秉承诚实守信的基本原则公平交易。农民在采购化肥、农药、种子的过程中常常因为听信不良商家的虚假宣传，遭受经济损失。经济法不仅仅在发生不平等交易时为农民提供法律支撑，更是为了避免不诚信、不公平交易的出现而设立，严厉打击倒卖劣质农资的不良商家。在农资经营者与农民的贸易关系中，经营者掌握着更多的产品信息和讨价还价的空间。消费者权益保护法第 10 条第 1 款规定，提供商品或服务的经营者应当合理定价保证质量安全，确保农民全面了解相关信息，农民在了解信息后放弃购买意愿，经营者不得强迫其进行购买，违背消费者真实意愿强迫交易将触发法律的保护。在农资市场经营中，不乏很多经营者通过格式合同、声明等方式提出减免其自身义务而增加农民负担的行为出现，上述侵犯农民合法权益的经营者会承担相应的民事责任，而且其制定的免责性条款和不合理的规定内容无效，不受合同法保护。

（三）经济法反垄断拓宽农产品流通贸易

我国农业产业化的发展，主要策略是政府依靠政策手段在主导产业上选择龙头企业引领发展，而政府给予企业一些政策性补贴。政府部门为拉动当地经济增长，扶持农业龙头企业，形成地方保护主义，造成农产品市场的封锁和断层。经济法是国家出台的调整市场宏观经济的法律规范，为防止政府过分干预市场自我运行机制、抑制市场活跃度，我国出台了《中华人民共和国反垄断法》（以下简称《反垄断法》）。该项法律第33条规定，行政机关不得对外来商品进行形式上或者实质上的歧视性收费，不得强制命令或者迫使外来商品定价高于本地市场价格；不得通过增加税负、故意重复查验等操作限制外地商品进入本地市场；行政许可要标准统一，不得为外来商品设置其他限制方案。反垄断法还规定了任何国家机关不得以任何方式限定单位或者个人购买或使用特定商家的产品或服务。《反垄断法》附则第56条，规定对于农业生产者及农村经济组织在经营活动中的联合或协同行为，不适用本法。这一方面是对农民和农村经济组织参与市场活动的保护；另一方面是鼓励农民之间可以互帮互助，共同抵御市场风险。经济法为维护市场公平竞争，一方面让政府机关对于不符合法律规定恶意扰乱市场公平秩序的经营者进行监督和惩处；另一方面也预防国家单位一家独大实施垄断行为，失掉执法为公的本心。

（四）经济法要求各级政府推动农业发展

农业法是经济法的子部门法，在该部法律中明确规定政府部门要以农民的根本利益为出发点，切实推动农业发展，为建设现代化农村、改善农村环境提供支持。从国务院农业行政主管部门到县级以上地方人民政府的有关部门，在其职责范围内，负责引导和支持农民和农村集体经营组织结合农产品市场的实际需求以及农村自然资源的特质，优化农业产业化结构，调整种植业的种植品种，改善林业、渔业、畜牧业的生产养殖环境，以提高农作物的产品品质和产量，推动农产品进入国际市场。农业法规定县级以上地方人民政府应当结合本地情况，按照国家有关规定采取措施，发展优质农产品生产。符合国家规定标准的优质农产品可以依照法律或者行政法规的规定申请使用有关的标志。符合规定产地及生产规范要求的农产品可以依照有关法律或者行政法规的规定申请使用农产品地理标志。国家为建设现代化新农村、减轻农民税负的补贴必须专款专用，截留挪用粮食收购资金、农业的财政资金和信贷资金的单位或者直接责任人将受到行政处分，构成犯罪的依法追究刑事责任。

第二章　现代经济法的内容体系

本章内容为现代经济法的内容体系，经济法的内容众多，在这里主要从六个方面进行了介绍，分别为公司法、企业法、劳动法、税收法、证券法和市场竞争法。

第一节　公司法

一、公司法概述

（一）公司

1. 公司的概念

公司是指依照《公司法》的规定设立，并以营利为目的的企业法人。公司是企业的一种组织形式，它具有企业所共有的属性。

2. 公司的特征

公司的主要特征如下：

（1）公司是依照《公司法》设立的经济组织。公司要依照《公司法》设立，符合《公司法》规定的设立条件。《公司法》对公司的股东人数，公司的组织机构的地位、性质、职权等都做了明确规定。公司的外部关系和内部关系都必须严格依照《公司法》等有关法律规定进行运作。

（2）公司是以营利为目的的经济组织。以营利为目的是指公司从事的是经营活动，而经营活动的目的是获取利润，并将其分配给公司的股东。

（3）公司是具有法人资格的经济组织。按照《公司法》规定条件设立的公司自成立之日起具有法人资格。公司具有民事权利能力和民事行为能力，依法独立享有民事权利和承担民事义务。

（4）公司是由法定数额的股东共同或单独出资形成的经济组织。公司股东以其出资额形成对公司的股权，在法律上体现为一种股份式的联合。公司股东以其出资额或者所持股份为限，对公司承担有限责任；公司以其全部财产对公司债务承担责任。

3. 公司的分类

按照不同的划分标准，公司可分为不同种类。一般来讲，公司主要有以下分类。

（1）依据股东对公司债务承担的责任形式为划分标准，可分为无限公司、有限责任公司、两合公司和股份有限公司。无限公司是指全体股东就公司债务负连带无限责任的公司。有限责任公司是指全体股东对于公司的债务仅以各自的出资额为限承担责任的公司。两合公司是指一部分股东对公司债务负无限责任，另一部分股东负有限责任的公司。股份有限公司是指公司资本划分为若干金额相等的股份，全体股东仅以自己认购的股份为限对公司债务承担责任的公司。我国法律只规定两种公司形式，即有限责任公司和股份有限公司。

（2）依据一个公司对另一个公司的控制与依附关系为划分标准，可分为母公司与子公司。母公司是指通过持有其他公司一定比例以上的股份或者通过协议的方式，能够实际上控制其他公司营业活动的公司。子公司是指虽然在法律上具有法人资格，但其经营活动受母公司实际控制的公司。在法律上，母公司与子公司仍应互相独立，各自具有独立的法人资格。

（3）依据公司内部管辖系统可将公司分为总公司和分公司。总公司是指依法设立并管辖分公司的总机构。分公司是指总公司管辖之下的法人分支机构。分公司不具有独立的法人资格，不具有独立的财产，其权利和义务由总公司承担。但是，分公司可以在总公司授权的范围内以自己的名义进行业务活动。

（4）依据公司的国籍为划分标准，可分为本国公司与外国公司。在我国，本国公司是指依照我国《公司法》在我国境内登记设立的公司。外国公司是指依据外国法律在我国境外登记设立的公司。

（二）公司法

1. 公司法的概念

公司法是调整公司在其设立、经营、变更、终止过程中所发生的经济关系的法律规范的总称。

《公司法》于1993年12月29日第八届全国人民代表大会常务委员会第五次会议通过，根据1999年12月25日第九届全国人民代表大会常务委员会第十三次会议《关于修改〈中华人民共和国公司法〉的决定》第一次修正，根据2004年8月28日第十届全国人民代表大会常务委员会第十一次会议《关于修改〈中华人民共和国公司法〉的决定》第二次修正，根据2005年10月27日第十届全国人民代表大会常务委员会第十八次会议修订，根据2013年12月28日第十二届全国人民代表大会常务委员会第六次会议通过《关于修改〈中华人民共和国海洋环境保护法〉等七部法律的规定》修正，于2014年3月1日起实施。《公司法》对于确定公司这一市场主体的法律地位，规范公司的组织和行为，保护公司、股东和债权人的合法权益，维护社会经济秩序，促进社会主义市场经济的发展，有着重要意义。

2. 公司法的调整范围

《公司法》第二条规定："本法所称公司是指依照本法在中国境内设立的有限责任公司和股份有限公司。"因此，我国《公司法》的调整范围只包括有限责任公司和股份有限公司，对其他公司没有做出规定。

3. 公司法的基本原则

新公司法的基本原则包括：利益均衡原则、分权制衡原则、自治原则、股东股权平等原则和股东有限责任原则。

（1）利益均衡原则

利益均衡原则是指公司制度的安排及实现，是基于现代市场经济条件下对影响公司及社会发展的多种利益关系进行分析、均衡的原则。利益均衡意味着对某一利益过度保护的否定。坚持利益均衡原则，就要较好地研究围绕公司所形成的各种利益关系，以及诸多关系可能对公司经济、社会目标的实现，并进而对社会发展的影响程度进行评估，确定各种利益的地位。通过制度化的安排，使公司这一企业法律形态发挥出较佳的社会效益，抑制其负面作用。利益均衡原则是从利益（经济）基础层面决定的公司法的基本原则，可以说是公司法的首要原则。

（2）分权制衡原则

分权制衡原则是指公司有效运转的制度安排与实现，是以对公司各种权力合理分配、相互制衡为出发点而进行配置的原则。分权制衡会形成权责分明、管理科学、激励和约束相结合的内部管理体制，是公司运作的精髓。分权制衡从一定意义上讲与国有企业的厂长（经理）负责制管理模式有根本的区别。坚持分权制衡原则就要对公司内部应该存在哪些权力和权力的适当分配进行分析和界定，对各种权力制衡动作进行制度构建。分权制衡是从权力层面认识公司法的基本原则，是利益均衡原则在制度层面的直接体现。

（3）自治原则

自治原则是指出资人自己进行重大决策，选择公司的管理者；公司作为独立的市场主体，依照公司章程自主经营、自负盈亏，不受非法干预。自治原则符合市场主体在市场中的运动规律：出资人对自己的决策、选择行为负责；公司以章程为基础，自主应对市场的变化，对由此产生的一切后果负责。自治原则充分体现了公司作为市场主体的主体特性：市场主体的能动性，与产品体制下企业的附属地位形成鲜明的对照。

（4）股东股权平等原则

股东股权平等是指股东基于自己的出资（出资额或者股份）为基础而享有平等待遇的原则。出资的性质一致、数额相同，在公司运转中得到平等对待。股东股权平等并不排除股权内容的不同。股东各按其交纳的出资额或所持的股份数额享有权利、承担义务，股东所享有的权利大小、承担义务的轻重与其向公司出资的多少成正比。出资少，享有的权利小，承担的义务轻；出资多，享有的权利大，承担的义务重。股权可以划分为普通股、特别股，享有不同股权的股东，享有的权利和承担的义务是有区别的。

（5）股东有限责任原则

股东有限责任是指股东的投资（出资额或者股份）为限对公司承担责任，并通过公司这个中间物对外承担责任。股东有限责任是现代公司法律的基石。可以说，现代公司法律制度的形成与建立以及各项具体制度的完善，皆与股东有限责任密切相关。抽去股东有限责任制度，现代公司法律的大厦将难以支撑，现代公司的法律体系就必然失去重心。股东有限责任并非公司制度产生以来就存在的一个原则，而是公司发展到一定历史阶段的产物。我们将股东有限责任作为一项基本原则，既是符合现代公司法的方向，也是符合我国公司立法实际的。

二、有限责任公司

（一）有限责任公司的概念与特征

有限责任公司，又称有限公司，是指由股东出资依法设立，股东以其出资额为限对公司承担责任，公司以其全部资产为限对公司的债务承担责任的企业法人。

有限责任公司具有以下特征：

（1）责任有限。公司的股东以其出资额对公司承担有限责任，公司以其全部资产对公司的债务承担有限责任。

（2）信用基础的资合兼人合性。在每个股东都必须实际出资的同时，股东之间的相互信任和良好关系也是有限责任公司成立的重要前提。

（3）股东人数有限。我国《公司法》规定股东人数为 50 人以下。

（4）股份转让受限。其股东向股东以外的人转让股份须得到其他股东的同意。

（5）经营状况有限公开。其设立程序和经营状况不必对全社会公开。

（6）设立条件、程序及公司机构设置简单、灵活。

（二）有限责任公司的设立

1. 有限责任公司设立条件

（1）股东符合法定人数

有限责任公司由 50 个以下股东出资设立，允许设立一人公司。除国有独资公司外，公司股东可以是自然人，也可以是法人和其他组织。

（2）有符合公司章程规定的全体股东认缴的出资额

有限责任公司的注册资本为在公司登记机关登记的全体股东认缴的出资额。

法律、行政法规以及国务院决定对有限责任公司注册资本实缴、注册资本最低限额另有规定的，从其规定。

股东可以用货币出资，也可以用实物、知识产权、土地使用权等可以用货币估价并可以依法转让的非货币财产作价出资；但是，法律、行政法规规定不得作为出资的财产除外。

对作为出资的非货币财产应当评估作价，核实财产，不得高估或者低估作价。法律、行政法规对评估作价有规定的，从其规定。

股东应当按期足额缴纳公司章程中规定的各自所认缴的出资额。股东以货币出资的，应当将货币出资足额存入有限责任公司在银行开设的账户；以非货币财产出资的，应当依法办理其财产权的转移手续。股东不按规定缴纳出资的，除应当向公司足额缴纳外，还应当向其他股东承担违约责任。

股东认足公司章程规定的出资后，由全体股东指定的代表或者共同委托的代理人向公司登记机关报送公司登记申请书、公司章程等文件，申请设立登记。

有限责任公司成立后，发现作为设立公司出资的非货币财产的实际价额显著低于公司章程所定价额的，应当由交付该出资的股东补足其差额；公司设立时的其他股东承担连带责任。

（3）有股东共同制定的公司章程

公司章程是调整公司内部组织和行为的具有契约性的自治规则。设立有限责任公司必须由股东共同依法制定公司章程。股东应当在公司章程上签名、盖章。公司章程对公司、股东、董事、监事、高级管理人员具有约束力。

（4）有合法的公司名称和组织机构

公司名称应由公司类别、公司注册地域、所属行业或经营特点、商号四部分组成。有限责任公司的组织机构通常包括股东会、董事会和监事会。

（5）有固定的公司住所和必要的生产经营条件

公司住所是指公司主要办事机构所在地。公司的生产经营场所和其他生产经营条件应当与其经营范围相适应。

2. 有限责任公司设立程序

（1）股东共同制定公司章程。

（2）申请公司名称预先核准。

（3）股东缴纳出资并验资。

（4）向登记机关提出设立申请。

（5）办理登记手续并领取营业执照。

（6）公告公司成立。

（7）向股东签发出资证明书。

（三）有限责任公司组织机构

公司组织机构，是代表公司活动、行使法定职权的自然人或自然人组成的机关。有限责任公司的组织机构包括股东会、董事会、监事会及高级管理人员。

1. 股东会

（1）股东会的性质与组成

有限责任公司股东会是公司的权力机关，由全体股东组成。股东会不是公司的常设机构，仅以会议形式存在。

（2）股东会的职权

有限责任公司股东会行使下列职权：①决定公司的经营方针和投资计划。

②选举和更换非由职工代表担任的董事、监事，决定有关董事、监事的报酬事项。③审议批准董事会或执行董事的报告。④审议批准监事会或监事的报告。⑤审议批准公司的年度财务预算、决算方案。⑥审议批准公司的利润分配和亏损弥补方案。⑦对公司增加或减少注册资本作出决议。对发行公司债券作出决议。⑧对公司合并、分立、变更公司形式、解散和清算等事项作出决议。⑨修改公司章程。⑩公司章程规定的其他职权。

（3）股东会会议的召开

股东会会议分为定期会议和临时会议。股东会定期会议应当按照公司章程的规定按时召开。代表 1/10 以上表决权的股东，1/3 以上的董事，监事会或不设监事会的公司的监事可以提议召开临时股东会会议。

首次股东会会议由出资最多的股东召集和主持。以后的股东会会议，公司设立董事会的，由董事会召集，董事长主持；董事长不能或不履行职务的，由副董事长主持；副董事长不能或不履行职务的，由半数以上董事共同推举一名董事主持。公司不设董事会的，股东会会议由执行董事召集和主持。董事会或执行董事不能或不履行召集股东会会议职责的，由监事会或不设监事会的公司的监事召集和主持；监事会或监事不召集和主持的，代表 1/10 以上表决权的股东可以自行召集和主持。

召开股东会会议，应当于会议召开 15 日以前通知全体股东，但公司章程另有规定或全体股东另有约定的除外。股东会应当将所议事项的决定做成会议记录，出席会议的股东应当在会议记录上签名。

（4）股东会决议

股东会会议作出决议时，由股东按照出资比例行使表决权，但公司章程另有规定的除外。股东会的议事方式和表决程序，除《公司法》有规定的外，由公司章程规定。股东会会议对一般事项作出决议，须经代表过半数表决权的股东通过。股东会会议作出修改公司章程，增加或减少注册资本的决议，以及公司合并、分立、解散或变更公司形式的决议，必须经代表 2/3 以上表决权的股东通过方可执行。

全体股东对职权内事项以书面形式一致表示同意的，可以不召开股东会会议，直接作出决定，并由全体股东在决定文件上签名、盖章。

2. 董事会

（1）董事会的性质与组成

董事会是有限责任公司的执行机关，享有业务执行权和日常经营的决策权。它是一般有限责任公司的必设机关和常设机关。股东人数较少或规模较小的有限责任公司可以设一名执行董事，不设董事会。

董事会由3~13名董事组成。两个以上的国有企业或其他国有投资主体投资设立的有限责任公司，其董事会成员中应当有公司职工代表；其他有限责任公司董事会成员中可以有公司职工代表。董事会中的职工代表由公司职工通过职工代表大会、职工大会或其他形式民主选举产生。董事会设董事长1人，可以设副董事长。董事长、副董事长的产生办法由公司章程规定。

董事任期由公司章程规定，但每届任期不得超过3年。董事任期届满，可以连选连任。董事任期届满未及时改选，或董事在任期内辞职导致董事会成员低于法定人数的，在改选出的董事就任前，原董事仍应当依照法律、行政法规和公司章程的规定，履行董事职务。

（2）董事会的职权

董事会对股东会负责，行使下列职权：①召集股东会会议，并向股东会报告工作。②执行股东会的决议。③决定公司的经营计划和投资方案。④制定公司的年度财务预算方案、决算方案。⑤制定公司的利润分配方案和弥补亏损方案。⑥制定公司增加或减少注册资本以及发行公司债券的方案。⑦制定公司合并、分立、变更公司形式、解散的方案。⑧决定公司内部管理机构的设置。⑨决定聘任或解聘公司经理及其报酬事项，并根据经理的提名决定聘任或解聘公司副经理、财务负责人及其报酬事项。⑩制定公司的基本管理制度。⑪公司章程规定的其他职权。

（3）董事会会议的召开与表决

董事会会议由董事长召集和主持；董事长不能履行职务或不履行职务的，由副董事长召集和主持；副董事长不能履行职务或不履行职务的，由半数以上董事共同推举1名董事召集和主持。

董事会的议事方式和表决程序，除《公司法》有规定的外，由公司章程规定。董事会决议的表决，实行一人一票。董事会应当将所议事项的决定做成会议记录，出席会议的董事应当在会议记录上签名。

（4）经理

有限责任公司可以设经理，由董事会决定聘任或解聘。经理对董事会负责，行使下列职权：①主持公司的生产经营管理工作，组织实施董事会决议。②组织实施公司年度经营计划和投资方案。③拟订公司内部管理机构设置方案。④拟订公司的基本管理制度。⑤制定公司的具体规章。⑥提请聘任或解聘公司副经理、财务负责人。⑦决定聘任或解聘除应由董事会决定聘任或解聘以外的负责管理人员。⑧董事会授予的其他职权。

经理列席董事会会议。公司章程对经理职权另有规定的，从其规定。

3. 监事会

（1）监事会的性质与组成

监事会为规模较大的有限责任公司的常设监督机关，对股东会负责。

设立监事会，其成员不得少于 3 人。股东人数较少或规模较小的有限责任公司，可以设 1 至 2 名监事，不设立监事会。监事会应当包括股东代表和适当比例的公司职工代表，其中职工代表的比例不得低于 1/3，具体比例由公司章程规定。监事会中的职工代表由公司职工通过职工代表大会、职工大会或者其他形式民主选举产生。监事会设主席 1 人，由全体监事过半数选举产生。监事会主席召集和主持监事会会议；监事会主席不能履行职务或不履行职务的，由半数以上监事共同推举一名监事召集和主持监事会会议。董事、高级管理人员不得兼任监事。

监事的任期每届为 3 年。监事任期届满，可以连选、连任。监事任期届满未及时改选，或监事在任期内辞职导致监事会成员低于法定人数的，在改选出的监事就任前，原监事仍应当依照法律、行政法规和公司章程的规定，履行监事职务。

（2）监事会的职权

监事会、不设监事会的公司的监事行使下列职权：①检查公司财务。②对董事、高级管理人员执行公司职务的行为进行监督，对违反法律、行政法规、公司章程或股东会决议的董事、高级管理人员提出罢免的建议。③当董事、高级管理人员的行为损害公司的利益时，要求他们予以纠正。④提议召开临时股东会会议，在董事会不履行《公司法》规定的召集和主持股东会会议职责时召集和主持股东会会议。⑤向股东会会议提出提案。⑥依照《公司法》第一百五十二条的规定，对董事、高级管理人员提起诉讼。⑦公司章程规定的其他职权。

监事可以列席董事会会议，并对董事会决议事项提出质询或建议。监事会、不设监事会的公司的监事行使职权所必需的费用，由公司承担。

（3）监事会会议的召开

监事会每年度至少召开一次会议，监事可以提议召开临时监事会会议。监事会的议事方式和表决程序，除《公司法》有规定的外，由公司章程规定。监事会决议应当经半数以上监事通过。监事会应当将所议事项的决定做成会议记录，出席会议的监事应当在会议记录上签名。

（四）一人有限责任公司

1. 一人有限责任公司的概念

一人有限责任公司，是指只有一个自然人股东或者一个法人股东的有限责任公司。一人有限责任公司是独立的企业法人，具有完全的民事权利能力、民事行为能力和民事责任能力，是有限责任公司中的特殊类型。

2. 一人有限责任公司的特别规定

《公司法》规定，一人有限责任公司的设立和组织机构适用特别规定，没有特别规定的，适用有限责任公司的相关规定。这些相关规定具体包括以下内容。

（1）再投资限制

一个自然人只能投资设立一个一人有限责任公司，该一人有限责任公司不能投资设立新的一人有限责任公司。

（2）对投资人的披露义务

一人有限责任公司应当在公司登记中注明自然人独资或者法人独资，并在公司营业执照中载明。

（3）一人有限责任公司组织机构

一人有限责任公司不设股东会。法律规定的股东会职权由股东行使，当股东行使相应职权作出决定时，应当采用书面形式，并由股东签字后置备于公司。

（4）一人有限责任公司的财务制度

一人有限责任公司应当在每一会计年度终了时编制财务会计报告，并经会计师事务所审计。这是为了防止股东既是出资人，又是经营管理者，缺乏监督而导致的财务会计资料不实情况发生。

（5）有限责任的规定

为防止一人有限责任公司的股东滥用公司法人人格与有限责任制度，将公司财产混同于个人财产，抽逃资产，损害债权人的利益，《公司法》规定，一人有限责任公司的股东不能证明公司财产独立于股东自己财产的，应当对公司债务承担连带责任。

（五）国有独资公司

1. 国有独资公司的概念

国有独资公司，是指国家单独出资、由国务院或者地方人民政府委托本级人民政府国有资产监督管理机构履行出资人职责的有限责任公司。

2. 国有独资公司的设立和组织机构

（1）国有独资公司章程由国有资产监督管理机构制定，或者由董事会制定，由国有资产监督管理机构批准。

（2）国有独资公司不设股东会，由国有资产监督机构行使股东会职权。

（3）国有独资公司设立董事会，董事每届任期不得超过3年。董事会成员中应当有公司职工代表。董事会成员由国有资产监督管理机构委派；但是，董事会成员中的职工代表由公司职工代表大会选举产生。董事会设董事长一人，可以设副董事长。董事长、副董事长由国有资产监督管理机构从董事会成员中指定。

（4）国有独资公司设经理，由董事会聘任或者解聘。经国有资产监督管理机构同意，董事会成员可以兼任经理。国有独资公司的董事长、副董事长、董事、高级管理人员未经国有资产监督管理机构同意，不得在其他有限责任公司、股份有限公司或者其他经济组织兼职。

（5）国有独资公司设立监事会。国有独资公司监事会成员不得少于5人，其中职工代表的比例不得低于1/3，具体比例由公司章程规定。监事会成员由国有资产监督管理机构委派；职工代表由公司职工代表大会选举产生；主席由国有资产监督管理机构从监事会成员中指定。

（六）有限责任公司的股权转让

1. 股权转让的概念和特征

股权转让是指有限责任公司的股东依照一定程序将自己持有的股权让与受让人，受让人取得该股权而成为公司股东或增加持有公司的出资额。股权转让具有以下特征：

（1）股权转让是一种股权交易行为。转让人通过股权转让获得一定的对价收益或者将股权作为一种财产出资成为另一个公司的股东。

（2）股权转让不改变公司的法人资格。股权转让只是股东发生变化，公司的法人资格不发生变化，公司的财产不发生变化，公司以其财产对外承担的责任也不发生变化。

（3）股权转让是一种要式行为，非经法定转让程序不产生法律效力。

2. 股权转让的限制

根据我国《公司法》的规定，有限责任公司的股东转让股权在一定条件下要受到一定法律限制。

（1）有限责任公司的股东之间可以相互转让其全部或者部分股权。股东之间只要双方协商一致，即可转让。但是公司章程对股东之间股权转让另有规定的，应当从其规定。

（2）股东向股东以外的人转让股权，应当经其他股东过半数同意。股东应就其股权转让事项书面通知其他股东征求同意，其他股东自接到书面通知之日起30日未答复的，视为同意转让。其他股东半数以上不同意转让的，不同意的股东应当购买该转让的股权；不购买的，视为同意转让。经股东同意转让的股权，在同等条件下，其他股东有优先购买权。两个以上股东主张行使优先购买权的，协商确定各自的购买比例；协商不成的，按照转让时各自的出资比例行使优先购买权。公司章程对股权转让另有规定的，从其规定。

（3）人民法院强制执行的股权转让。人民法院依照法律规定的强制执行程序转让股东股权的，应当通知公司及全体股东，其他股东在同等条件下有优先购买权。其他股东自人民法院通知之日起满20日不行使优先购买权的，视为放弃优先购买权。

（4）在一定条件下，股东可以请求公司按照合理价格收购其股权。自然人股东死亡后，其合法继承人可以继承股东资格。

3. 股权转让的程序

公司内部股东之间股权转让的，出让方与受让方签订股权转让协议，完成股权转让后，公司应当注销原股东的出资证明书，向受让股东重新签发出资证明书；股东向股东之外的人转让股权的，新股东要提交主体资格证明或自然人身份证明，公司向新股东签发出资证明。由公司相应修改公司章程和股东名册中有关股东及其出资额的记载，但对公司章程的该项修改不需要再由股东会表决。

三、股份有限公司

（一）股份有限公司的概念

股份公司（Stock Corporation）是指公司资本为股份所组成的公司，股东以其认购的股份为限对公司承担责任的企业法人。由于所有股份公司均须是负担有限责任的有限公司（但并非所有有限公司都是股份公司），所以一般合称"股份有限公司"。股份公司产生于18世纪的欧洲，19世纪后半期广泛流行于世界资本主义各国，到目前，股份公司在资本主义国家的经济中占据统治地位。

（二）股份有限公司的设立条件

1. 发起人符合法定的资格，达到法定的人数

发起人的资格是指发起人依法取得的创立股份有限公司的资格。股份有限公司的发起人可以是自然人，也可以是法人，但发起人中须有过半数的人在中国境内有住所。设立股份有限公司，必须达到法定的人数，应有2人以上200人以下的发起人。

国有企业改建为股份有限公司的，发起人可以少于5人，但应当采取募集设立方式。规定发起人的最低限额，是设立股份有限公司的国际惯例。如果发起人的最低限额没有规定，一则发起人太少难以履行发起人的义务，二则少数发起人或损害其他股东的合法权益。对发起人的最高限额则无规定的必要。

2. 股份有限公司的设立方式

设立股份有限公司可以采取发起设立和募集设立两种方式：发起设立，是指由发起人认购公司应发行的全部股份而设立公司。发起人应当签订发起人协议，明确各自在公司设立过程中的权利和义务。发起人可以用货币出资，也可以用实物、工业产权、非专利技术、土地使用权作价出资。发起人以货币出资时，应当缴付现金。发起人以货币以外的其他财产权出资时，必须进行评估作价，核实财产，并折合为股份，且应当依法办理其财产权的转移手续，将财产权同发起人转归公司所有。募集设立，是指由发起人认购公司应发行股份的一部分，其余股份向社会公开募集或者向特定对象募集而设立公司。股份有限公司采取募集方式设立的，注册资本为在公司登记机关登记的实收股本总额。股份有限公司采取发起设立方式设立的，注册资本为在公司登记机关登记的全体发起人认购的股本总额。在发起人认购的股份缴足前，不得向他人募集股份。此外，法律、行政法规以及

国务院决定对股份有限公司注册资本实缴、注册资本最低限额另有规定的，从其规定。

3. 股份发行、筹办事项符合法律规定

股份发行、筹办事项符合法律规定，是设立股份有限公司所必须遵循的原则。

股份的发行是指股份有限公司在设立时为了筹集公司资本，出售和募集股份的法律行为。这里讲的股份的发行是设立发行，是设立公司的过程中，为了组建股份有限公司，筹集组建公司所需资本而发行股份的行为。设立阶段的发行分为发起设立发行和募集设立发行两种。发起设立发行即所有股份均由发起人认购，不得向社会公开招募。招募设立发行即发起人只认购股份的一部分，其余部分向社会公开招募。

股份有限公司的资本划分为股份，每一股的金额相等。公司的股份采取股票的形式。股份的发行实行公开、公平、公正的原则，且必须同股同权、同股同利。同次发行的股份、每股的发行条件、发行价格应当相同。

以发起方式设立股份有限公司的，发起人以书面认足公司章程规定及发行的股份后，应即缴纳全部股款。

以募集方式设立股份有限公司的，发起人认购的股份不得少于公司股份总数的百分之三十五，其余股份应当向社会公开募集。发起人向社会公开募集股份时，必须依法经国务院证券管理部门批准，并公告招股说明书，制作认股书，由依法批准设立的证券经营机构承销，签订承销协议，同银行签订代收股款协议，由银行代收和保存股款，向认股人出具收款单据。

此外，招股说明书应载明下列事项：（1）发起人认购的股份数；（2）每股的票面金额和发行价格；（3）无记名股票的发行总数；（4）认股人的权利、义务；（5）本次募股的起止期限及逾期募足时认股人可以撤回所认股份的说明。

4. 发起人制定公司章程，并经创立大会通过

股份有限公司的章程，是股份有限公司重要的文件，其中规定了公司最重要的事项，它不仅是设立公司的基础，也是公司及其股东的行为准则。因此，公司章程虽然由发起人制定，但以募集设立方式设立股份有限公司的，必须召开由认股人组成的创立大会，并经创立大会决议通过。

5. 有公司名称，建立符合公司要求的组织机构

名称是股份有限公司作为法人必须具备的条件。公司名称必须符合企业名称登记管理的有关规定，股份有限公司的名称还应标明"股份有限公司"字样。

股份有限公司必须有一定的组织机构，对公司实行内部管理和对外代表公司。股份有限公司的组织机构是股东大会、董事会、监事会和经理。股东大会作出决议；董事会是执行公司股东大会决议的执行机构；监事会是公司的监督机构，依法对董事、经理和公司的活动实行监督；经理由董事会聘任，主持公司的日常生产经营管理工作，组织实施董事会决议。

此外，还要有固定的生产经营场所和必要的生产经营条件。

（三）股份有限公司的设立方式

股份有限公司的设立方式主要有：（1）发起设立，即所有股份均由发起人认购，不得向社会公开招募。（2）募集设立，即发起人只认购股份的一部分，其余部分向社会公开招募。在不同的国家，股份有限公司的设立规定有所不同。有的国家规定，只有在全部股份均被认足时，公司才得以成立。有的国家规定，股份有限公司实行法定资本制的，以认足全部股份为成立的条件；股份有限公司实行授权资本制的，可以不认足全部股份。

（四）股份有限公司的组织机构

股份有限公司的组织机构主要包括：

（1）决策机构，即由两个以上的董事组成的集体机构。它是公司对内执行业务、对外代表公司的常设理事机构，向股东大会负责。董事会的职权主要有：代表公司对各种业务事项做出意见表示或决策，以及组织实施和执行这些决策；除股东大会决议的事项外，公司日常业务活动中的具体事项，均由董事会决定。

（2）执行机构，是由总经理及其助手组成的执行机构，负责公司的日常经营。

（3）监督机构，是对董事会执行的业务活动实行监督的机构。它是公司的常设机构，由股东大会从股东中选任，不得由董事或经理兼任。监事会的职权主要有：列席董事会会议，监督董事会的活动，定期和随时听取董事会的报告，阻止董事会违反法律和章程的行为；随时调查公司业务和财务情况，查阅账簿和其他文件；审核公司的结算表册和清算时的清算表册；召集股东大会；代表公司与董事交涉或对董事起诉。

四、公司的合并、分立和终止

（一）公司合并

公司合并是指两个或两个以上的公司依法达成合意归并为一个公司的法律行为。

公司合并具有如下法律性质：（1）公司合并是多方法律行为，参与合并的各公司必须签订协议，达成一致意见，公司才能合并。（2）公司合并是提高公司运行效率的行为。（3）公司合并是公司的自愿行为。

公司合并的方式分为吸收合并和新设合并。吸收合并是指两个或两个以上的公司合并时，其中一个公司吸纳其他公司继续存在，其他公司随之消灭。根据吸收公司所支付的对价，可以将公司的吸收合并划分为两类四种：一类是资产先转移，分为以现金购买资产的方式和以股份购买资产的方式两种；另一类是股权先转移，分为以现金购买股份的方式和以股份购买股份的方式两种。新设合并是指在公司合并时，原先公司同时归于消灭，共同联合创立一个新公司。

公司合并的程序：

（1）公司合并决议的作出与批准。

（2）签订公司合并协议。

（3）编制表册、通告债权人。

（4）登记。只有经过变更或设立登记，签发新的营业执照后，公司合并才算最终完成。公司自作出合并决议之日起10日内通知债权人，并于30日内在报纸上公告。公司在合并时，不按规定通知或者公告债权人的，由公司登记机关责令改正，对公司处以1万元以上10万元以下的罚款。

债权人自接到通知之日起30日内，未接到通知书的自公告之日起45日内，有权要求公司清偿债务或者提供相应的担保。

《公司法》第一百七十五条规定公司合并时，合并各方的债券、债务，应当由合并后存续的公司或者新设的公司继承。公司合并的，应当自公告之日起45日内申请登记。

自股东会会议决议通过之日起60日内，股东与公司不能达成股权收购协议的，股东可以自股东会会议决议之日起90日内向人民法院提起诉讼。

（二）公司分立

公司分立是指被分公司依法将部分或全部营业分离转让给两个或两个以上现存或新设的公司的行为。

公司分立具有以下法律特征：

（1）公司分立是一种单种法律行为。

（2）公司设立是提高公司运作效率的行为。

（3）公司分立是公司的自愿行为。

（4）公司分立直接影响股东的地位。

公司分立的程序：（1）公司分立决议的作出与批准；（2）进行财产分割；（3）编制表册、通告债权人；（4）登记。

公司自作出分立决议之日起10日内通知债权人，并于30日内在报纸上公告。不按规定通知或者公告债权人的，由公司登记机关责令改正，对公司处以1万元以上10万元以下的罚款。

公司分立前的债务由分立后的公司承担连带责任。但是公司在分立前与债权人就债务清偿达成的书面协议另有约定的除外。

自股东会议决议通过之日起60日内，股东与公司不能达成股权收购协议的，股东可以自股东会议决议之日起90日内向人民法院提起诉讼。

（三）公司终止

根据我国《公司法》的规定，公司终止的原因主要包括：

（1）破产。公司因不能清偿到期债务，被依法宣告破产并对其全部财产强制进行清算和分配，最后终止公司。根据申请破产人的不同，破产包括由债权人申请破产和由公司自己申请破产两种。

（2）解散。即公司因发生法律或章程规定的解散事由而停止业务活动，并进行清算，最后使公司终止。根据我国公司法，解散事由主要包括以下四种情形：①公司章程规定的营业期限届满或者公司章程规定的其他解散事由出现时；②股东会决议解散；③因公司合并或者分立需要解散；④公司违反法律、行政法规被依法责令关闭。

《公司法》第一百八十条规定的以下情况为公司发生解散、破产的法定原因：（1）公司章程规定的营业期限届满或者公司章程规定的其他解散事由出现；（2）股东会或者股东大会决议解散；（3）因公司合并或者分立需要解散；（4）依法被吊销营业执照、责令关闭或者被撤销;(5)人民法院依照本法第一百八十二条的规定予以解散。

第一百八十二条规定公司经营管理发生严重困难,继续存续会使股东利益受到重大损失,通过其他途径不能解决的,持有公司全部股东表决权百分之十以上的股东,可以请求人民法院解散公司。

第一百八十七条规定清算组在清理公司财产、编制资产负债表和财产清单后,发现公司财产不足清偿债务的,应当依法向人民法院申请宣告破产。公司经人民法院裁定宣告破产后,清算组应当将清算事务移交给人民法院。

第二节　企业法

一、个人独资企业法

(一)个人独资企业法概述

1. 个人独资企业法的概念

个人独资企业,是指依照法律规定在中国境内设立,由一个自然人投资,财产为投资人个人所有,投资人以其个人财产对企业债务承担无限责任的经营实体。

2. 个人独资企业法的法律特征

(1)个人独资企业由一个自然人投资。根据法律规定,设立个人独资企业的只能是一个自然人,并且仅指中国公民。

(2)个人独资企业的投资人对企业的债务承担无限责任。投资人对企业的债务承担无限责任,即当企业的资产不足以清偿到期债务时,投资人应以自己个人的全部财产用于清偿。

(3)个人独资企业的内部机构设置简单,经营管理方式灵活。个人独资企业的投资人既可以是企业的所有者,又可以是企业的经营者。因此,法律对其内部机构的设置和经营管理方式不像公司和其他企业那样加以严格规定。

(4)个人独资企业是非法人企业。个人独资企业由一个自然人出资,投资人对企业的债务承担无限责任。个人独资企业虽不具有法人资格,但却是独立的民事主体,可以以自己的名义从事民事活动。

3.个人独资企业法的基本原则

个人独资企业法规定了以下几项基本原则：

（1）国家依法保护个人独资企业的财产和其他合法权益。个人独资企业财产是指个人独资企业的财产所有权，包括对财产的占有、使用、处分和收益的权利；其他合法权益是指财产所有权以外的有关权益，如名称权、自主经营权、平等竞争权、拒绝摊派权等。

（2）个人独资企业从事经营活动必须遵守法律、行政法规，遵守诚实信用原则，不得损害社会公共利益。只有遵守法律及行政法规，才能保证生产经营活动的有序进行，才能促进社会经济秩序的良性运行；只有诚实守信，才能取得他人信任，才能树立良好的企业形象；不得损害社会公共利益是企业从事民事活动必须遵循的基本原则之一。任何企业都应尽到以上义务，个人独资企业也不例外。

（3）个人独资企业应当依法履行纳税义务。依法纳税是每个公民和企业应尽的义务。个人独资企业在经营活动中应当依照有关法律、法规规定缴纳各项税款。

（4）个人独资企业应当依法招用职工。个人独资企业应当严格按照劳动法及有关规定招用职工。企业招用职工应当与职工签订劳动合同，签订劳动合同必须遵循平等自愿、协商一致的原则，并不得违反国家法律、行政法规和有关政策规定。

（5）个人独资企业职工的合法权益受法律保护。个人独资企业职工依法建立工会，工会依法开展活动。

（二）个人独资企业的设立

1.个人独资企业的设立条件

根据《个人独资企业法》的规定，设立个人独资企业应当具备下列条件：（1）投资人为一个自然人，且只能是中国公民。（2）有合法的企业名称。个人独资企业的名称可以叫厂、店、部、中心、工作室等，个人独资企业名称中不得使用"有限""有限责任"或者"公司"字样。（3）有投资人申报的出资。《个人独资企业法》对设立个人独资企业的出资数额未做限制。投资人可以个人财产出资，也可以家庭共有财产作为个人出资。（4）有固定的生产经营场所和必要的生产经营条件。（5）有必要的从业人员。即要有与其生产经营范围、规模相适应的从业人员。

2. 个人独资企业的设立程序

（1）提出申请

申请设立个人独资企业，应当由投资人或者其委托的代理人向个人独资企业所在地的登记机关提出设立申请。投资人申请设立登记，应当向登记机关提交下列文件：

①投资人签署的个人独资企业设立申请书，设立申请书应当载明：企业的名称和住所；投资人的姓名和居所；投资人的出资额和出资方式；经营范围及方式。

②投资人身份证明，主要是身份证和其他有关证明材料。

③企业住所证明和生产经营场所使用证明等文件，如土地使用证明、房屋产权证或租赁合同等。

④委托代理人申请设立登记的，应当提交投资人的委托书和代理人的身份证明或者资格证明。

⑤国家工商行政管理局规定提交的其他文件。

（2）工商登记

登记机关应当在收到设立申请之日起 15 日内，对符合规定条件的予以登记，发给营业执照；对不符合规定条件的，不予登记，并应当给予书面答复，说明理由。个人独资企业营业执照的签发日期，为个人独资企业成立日期。在领取个人独资企业营业执照前，投资人不得以个人独资企业名义从事经营活动。

个人独资企业设立分支机构，应当由投资人或者其委托的代理人向分支机构所在地的登记机关申请设立登记。分支机构的民事责任由设立该分支机构的个人独资企业承担。个人独资企业存续期间登记事项发生变更的，应当在做出变更决定之日起 15 日内依法向登记机关申请办理变更登记。

（三）个人独资企业的投资人及事务管理

1. 个人独资企业投资人的资格

根据《个人独资企业法》的规定，个人独资企业的投资人为具有中国国籍的自然人，但法律、行政法规禁止从事营利性活动的人，不得作为投资人申请设立个人独资企业。根据我国有关法律、行政法规规定，国家公务员、党政机关领导干部、警官、法官、检察官等，不得作为投资人申请设立个人独资企业。

2. 个人独资企业投资人的权利和责任

个人独资企业投资人对本企业的财产依法享有所有权，其有关权利可以依法进行转让或继承。企业的财产不论是投资人的原始投入还是经营所得，均归投资人所有。

由于个人独资企业是一个投资人以其个人财产对企业债务承担无限责任的经营实体，因此，根据法律规定，个人独资企业财产不足以清偿债务的，投资人应当以其个人的其他财产予以清偿。如果个人独资企业投资人在申请企业设立登记时明确以其家庭共有财产作为个人出资的，应当依法以家庭共有财产对企业债务承担无限责任。

3. 个人独资企业的事务管理

个人独资企业投资人可以自行管理企业事务，也可以委托或者聘用其他具有民事行为能力的人负责企业的事务管理。

投资人委托或者聘用他人管理个人独资企业事务，应当与受托人或者被聘用的人签订书面合同。合同应订明委托的具体内容、授予的权利范围、受托人或者被聘用的人应履行的义务、报酬和责任等。受托人或者被聘用的人员应当履行诚信、勤勉义务，以诚实信用的态度对待投资人、对待企业，尽其所能依法保障企业利益，按照与投资人签订的合同负责个人独资企业的事务管理。投资人对受托人或者被聘用的人员职权的限制，不得对抗善意第三人。

《个人独资企业法》规定，投资人委托或者聘用的管理个人独资企业事务的人员不得有下列行为：

（1）利用职务上的便利，索取或者收受贿赂；（2）利用职务或者工作上的便利侵占企业财产；（3）挪用企业的资金归个人使用或者借贷给他人；（4）擅自将企业资金以个人名义或者以他人名义开立账户储存；（5）擅自以企业财产提供担保；（6）未经投资人同意，从事与本企业相竞争的业务；（7）未经投资人同意，同本企业订立合同或者进行交易；（8）未经投资人同意，擅自将企业商标或者其他让给他人使用；（9）泄露本企业的商业秘密；（10）法律、行政法规禁止的其他行为。

（四）个人独资企业的解散和清算

1. 个人独资企业的解散

个人独资企业的解散，是指个人独资企业终止活动使其民事主体资格消灭的行为。个人独资企业应当解散的情形为：（1）投资人决定解散；（2）投资人死亡或者被宣告死亡，无继承人或者继承人决定放弃继承；（3）被依法吊销营业执照；（4）法律、行政法规规定的其他情形。

2. 个人独资企业的清算

个人独资企业解散，应当进行清算，要符合下列要求：

（1）确定清算人。清算人由两种方式产生：由投资人自行清算；由债权人申请人民法院指定清算人进行清算。

（2）通知和公告债权人。投资人自行清算的，应当在清算前15日内书面通知债权人，无法通知的，应当予以公告。债权人应当在接到通知之日起30日内，未接到通知的应当在公告之日起60日内，向投资人申报债权。

（3）财产清偿顺序。个人独资企业解散的，财产应当按照下列顺序清偿：①所欠职工工资和社会保险费用；②所欠税款；其他债务。个人独资企业财产不足以清偿债务的，投资人应当以其个人的其他财产予以清偿。

（4）清算期间对投资人的要求。清算期间，个人独资企业不得开展与清算目的无关的经营活动，在按前述财产清偿顺序未清偿完债务的，投资人不得转移、隐匿财产。

（5）投资人的持续清偿责任。个人独资企业解散后，原投资人对个人独资企业存续期间的债务仍应承担偿还责任，但债权人在五年内未向债务人提出偿债请求的，该责任消灭。

（6）注销登记。个人独资企业清算结束后，投资人或者人民法院指定的清算人应当编制清算报告，并于15日内到登记机关办理注销登记。经登记机关注销登记，个人独资企业终止。个人独资企业办理注销登记时，应当交回营业执照。

（五）违反《个人独资企业法》的法律责任

违反《个人独资企业法》的法律责任包括民事责任、行政责任和刑事责任等，下面主要列举个人独资企业及其投资者、个人独资企业投资人委托或者聘用人员的法律责任。

1. 个人独资企业及投资人的法律责任

（1）违反规定，提交虚假文件或采取其他欺骗手段取得企业登记的，责令改正，处以5000元以下的罚款；情节严重的，并处吊销营业执照。

（2）违反规定，个人独资企业使用的名称与其在登记机关登记的名称不相符合的，责令限期改正，处以 2000 元以下的罚款。

（3）涂改、出租、转让营业执照的，责令改正，没收违法所得，处以 3000 元以下的罚款；情节严重的，吊销营业执照。伪造营业执照的，责令停业，没收违法所得，处以 5000 元以下的罚款。构成犯罪的，依法追究刑事责任。

（4）个人独资企业成立后无正当理由超过 6 个月未开业的，或者开业后自行停业连续 6 个月以上的，吊销营业执照。

（5）违反规定，未领取营业执照，以个人独资企业名义从事经营活动的，责令停止经营活动，处以 3000 元以下的罚款。个人独资企业登记事项发生变更时，未按规定办理有关变更登记的，责令限期办理变更登记；逾期不办理的，处以 2000 元以下的罚款。

（6）个人独资企业违反规定，侵犯职工合法权益，未保障职工劳动安全，不缴纳社会保险费用的，按照有关法律、行政法规予以处罚，并追究有关责任人员的责任。

（7）个人独资企业及其投资人在清算前或清算期间隐匿或者转移财产、逃避债务的，依法追回其财产，并按照有关规定予以处罚；构成犯罪的，依法追究刑事责任。

2. 投资人委托或者聘用的人员的法律责任

（1）投资人委托或者聘用的人员管理个人独资企业事务时违反双方订立的合同，给投资人造成损害的，承担民事赔偿责任。

（2）投资人委托或者聘用的人员违反《个人独资企业法》的规定，侵犯个人独资企业财产权益的，责令退还侵占的财产；给企业造成损失的，依法承担赔偿责任；有违法所得的，没收违法所得；构成犯罪的，依法追究刑事责任。

二、合伙企业法

（一）合伙企业的概念和特征

1. 合伙企业的概念

合伙企业，是指自然人、法人和其他组织依照《中华人民共和国合伙企业法》（以下简称《合伙企业法》）在中国境内设立的普通合伙企业和有限合伙企业。由概念可知，在我国合伙企业分为两类：普通合伙企业和有限合伙企业。

2. 合伙企业的特征

（1）合伙协议是合伙人建立合伙关系，确定合伙人各自的权利和义务，使合伙企业得以设立的前提，合伙协议依法由全体合伙人协商一致，以书面形式订立。

（2）合伙企业必须由全体合伙人共同出资、合伙经营。出资是每个合伙人的法定义务，也是出资人取得合伙人资格的前提。

（3）合伙人共负盈亏、共担风险。普通合伙人对合伙企业债务负无限连带责任，有限合伙人以其认缴的出资额为限对合伙企业债务承担责任。

（4）合伙企业不具有法人资格。

（5）合伙企业的生产经营所得和其他所得，按照国家有关税收规定，由合伙人分别缴纳所得税。合伙企业不缴纳企业所得税。

（二）合伙企业法的概念

合伙企业法有狭义和广义之分。狭义的合伙企业法，是指由国家最高立法机关依法制定的、规范合伙企业的行为，保护合伙企业及其合伙人、债权人的合法权益，维护社会经济秩序，促进社会主义市场经济发展的专门法律，即《合伙企业法》。该法于 1997 年 2 月 23 日由第八届全国人民代表大会常务委员会第二十四次会议通过，于 2006 年 8 月 27 日第十届全国人民代表大会常务委员会第二十三次会议修订，于 2007 年 6 月 1 日施行。广义的合伙企业法，是指国家立法机关或者其他有权机关依法制定的、调整合伙企业合伙关系的各种法律规范的总称。因此，除了《合伙企业法》外，国家有关法律、行政法规和规章中关于合伙企业的法律规范，都属于合伙企业法的范畴。

（三）普通合伙企业

1. 普通合伙企业的设立条件

普通合伙企业，是指由普通合伙人投资组成，合伙人对合伙企业债务依照法律规定承担无限连带责任的一种合伙企业。

（1）有两个以上合伙人

关于普通合伙人的资格，《合伙企业法》作了以下限定：

①两个以上的合伙人，可以是自然人，也可以是法人或其他经济组织。对于合伙企业合伙人数的最高限额，我国合伙企业法未作规定。

②合伙人是自然人的，应当具有完全民事行为能力。无民事行为能力人和限制民事行为能力人不得成为普通合伙企业的合伙人。

③国有独资公司、国有企业、上市公司，以及公益性的事业单位、社会团体不得成为普通合伙企业的合伙人。

（2）有书面合伙协议

合伙协议是合伙企业成立的基础，是处理合伙人相互之间的权利、义务关系的内部法律文件。合伙协议应当依法由全体合伙人协商一致，以书面形式订立。

合伙协议应当载明下列事项：合伙企业的名称和主要经营场所的地点；合伙目的和合伙经营范围；合伙人的姓名、名称、住所；合伙人的出资方式、数额和缴付期限；利润分配、亏损分担方式；合伙事务的执行；入伙与退伙；争议解决办法；合伙企业的解散与清算；违约责任等。

合伙协议经全体合伙人签名、盖章后生效。合伙协议未约定或约定不明确的事项，由全体合伙人协商加以修改、补充。

（3）有合伙人认缴或实际缴付的出资

合伙人可以用货币、实物、知识产权、土地使用权或其他财产权利出资，也可以用劳务出资。

合伙人以实物、知识产权、土地使用权或其他财产权利出资，需要评估作价的，可以由全体合伙人协商确定，也可以由全体合伙人委托法定评估机构评估；需要办理财产权转移手续的，应当依法办理。合伙人以劳务出资的，其评估办法由全体合伙人协商确定，并在合伙协议中载明。合伙人应当按照合伙协议约定的出资方式、数额和缴付期限，履行出资义务。

（4）有合伙企业的名称和生产经营场所

普通合伙企业应当在其名称中标明"普通合伙"字样。其中特殊的普通合伙企业应当在其名称中标明"特殊普通合伙"字样。

（5）法律、行政法规规定的其他条件

2.普通合伙企业的设立程序

（1）向登记机关提出申请

申请设立合伙企业，应当向企业登记机关提交下列文件：①全体合伙人签署的设立登记申请书。②合伙协议书。③全体合伙人的身份证明。④全体合伙人指定的代表或共同委托代理人的委托书。⑤全体合伙人对各合伙人认缴或实际缴付出资的确认书。⑥经营场所证明。⑦其他法定的证明文件。

此外，法律、行政法规规定设立合伙企业须经批准的，还应当提交有关批准文件。合伙协议约定或全体合伙人决定，委托一个或数个合伙人执行合伙事务的，还应当提交全体合伙人的委托书。

（2）登记机关核发营业执照

经企业登记机关审核，符合条件的予以登记并发给营业执照。合伙企业的营业执照签发日期，为合伙企业的成立日期。合伙企业领取营业执照前，合伙人不得以合伙企业名义从事合伙业务。

合伙企业设立分支机构，应当依法向分支机构所在地的企业登记机关申请分支机构设立登记。

合伙企业登记事项发生变更的，应当依法向企业登记机关申请办理变更登记。

3.普通合伙企业的财产

普通合伙企业存续期间，合伙人的出资、以合伙企业名义取得的收益和依法取得的其他财产，构成了合伙企业的财产。

（1）普通合伙企业财产的性质

合伙企业的财产，在企业存续期间，由全体合伙人共有，应保证其独立性和完整性。合伙人在合伙企业清算前，不得请求分割合伙企业的财产；但是，法律另有规定的除外。合伙人私自转移或处分合伙企业财产的，其转移或处分行为无效。但合伙企业不得以此对抗善意第三人。即在第三人善意取得的情况下，合伙企业的损失只能向有责任的合伙人进行追索。

（2）合伙人财产份额的转让与出质

合伙人财产份额的转让，是指合伙企业的合伙人向他人转让其在合伙企业中的全部或部分财产份额的行为。

①伙外转让。除合伙协议另有约定外，合伙人向合伙人以外的人转让其在合伙企业中的全部或部分财产份额时，须经其他合伙人一致同意。如果合伙协议另有约定的，按其约定。比如约定2/3以上合伙人或一定出资比例同意即可转让的，则应执行合伙协议的规定。合伙人以外的人依法受让合伙企业财产份额的，经修改合伙协议即成为合伙企业的合伙人。合伙人向合伙人以外的人转让其在合伙企业中的财产份额的，在同等条件下，其他合伙人有优先购买权；但是，合伙协议另有约定的除外。

②伙内转让。合伙人之间转让在合伙企业中的全部或部分财产份额时，应当通知其他合伙人。内部转让只是合伙人之间的财产份额比例改变，不影响合

伙企业的人合性质，因此不需要经过其他合伙人一致同意，只需要通知其他合伙人即可。

③合伙人财产份额出质。合伙人以其在合伙企业中的财产份额出质的，须经其他合伙人一致同意；未经其他合伙人一致同意，其行为无效，由此给善意第三人造成损失的，由行为人依法承担赔偿责任。

4.合伙事务的执行

（1）合伙事务执行的方式

根据《合伙企业法》的规定，合伙人执行合伙企业事务，可以有以下形式：

①全体合伙人共同执行合伙事务。这种方式适合合伙人数较少的合伙企业，按照合伙协议的约定，各个合伙人都直接参与经营，处理合伙企业的事务，对外代表合伙企业。

②委托一名或数名合伙人执行合伙企业事务。这种方式适用人数较多的合伙企业，未接受委托执行合伙企业事务的其他合伙人，不再执行合伙企业的事务。每一合伙人有权将其对合伙事务的执行委托给其他合伙人代理，而自己不参与合伙事务的执行。

合伙人可以将合伙事务委托一个或数个合伙人执行，但并非所有的合伙事务都可以委托给部分合伙人执行。根据《合伙企业法》的规定，除合伙协议另有约定外，合伙企业的下列事项应当经全体合伙人一致同意：改变合伙企业的名称；改变合伙企业的经营范围、主要经营场所的地点；处分合伙企业的不动产；转让或处分合伙企业的知识产权和其他财产权利；以合伙企业名义为他人提供担保；聘任合伙人以外的人担任合伙企业的经营管理人员。

（2）合伙人在执行合伙事务中的权利和义务

合伙人在执行合伙事务中的权利：①合伙人对执行合伙事务享有同等的权利。②执行合伙事务的合伙人对外代表合伙企业。③不执行合伙事务的合伙人有权监督执行事务合伙人执行合伙事务的情况。④合伙人查阅合伙企业会计账簿等财务资料的权利。⑤合伙人有提出异议权和撤销委托执行事务权。

合伙人在执行合伙事务中的义务：①合伙事务执行人向不参加执行事务的合伙人报告企业经营状况和财务状况。②合伙人不得自营或同他人合作经营与本合伙企业相竞争的业务。③除全体合伙人另有约定或决定外，合伙人不得同本合伙企业进行交易。④合伙人不得从事损害本合伙企业利益的活动。

（3）合伙事务执行的决议办法

合伙人对合伙企业有关事项作出决议，按照合伙协议约定的表决办法办理；合伙协议未约定或约定不明确的，实行合伙人一人一票并经全体合伙人过半票数通过的表决办法。《合伙企业法》对合伙企业的表决办法另有规定的，从其规定。如合伙企业的有关特别决议事项应当经全体合伙人一致同意。

（4）合伙企业的损益分配

合伙企业的损益分配包括合伙企业的利润分配与亏损分担两个方面。合伙企业的利润分配、亏损分担，应按照合伙协议的约定办理；合伙协议未约定或约定不明确的，由合伙人协商决定；协商不成的，由合伙人按照实缴出资比例分配、分担；无法确定出资比例的，由合伙人平均分配、分担。

合伙协议不得约定将全部利润分配给部分合伙人或由部分合伙人承担全部亏损。

5.合伙企业与第三人的关系

（1）合伙企业对外代表权的限制

合伙人执行合伙事务的权利和对外代表合伙企业的权利，要由全体合伙人授予并加以限制。但对合伙人执行合伙事务以及对外代表合伙企业权利的限制，不得对抗善意第三人。

（2）合伙企业和合伙人的债务清偿

合伙企业的债务清偿：①合伙企业的债务，应先以合伙企业全部财产进行清偿。②合伙企业财产不足以清偿的部分，由各合伙人承担无限连带清偿责任。所谓无限责任，是指当合伙企业的全部财产不足以偿付到期债务时，各个合伙人应以其出资额以外的自有财产对其余债务全部清偿。所谓连带责任，是指债权人对合伙企业财产不足以清偿的债务，可以向任何一个合伙人主张，该合伙人不得以其出资的份额大小、合伙协议有特别约定、合伙企业债务另有担保人或自己已经偿付所承担的份额的债务等理由来拒绝。③合伙人由于承担连带责任，所清偿数额超过其按照合伙协议约定应分担的比例时，有权向其他合伙人追偿。

合伙人的债务清偿：①合伙人发生与合伙企业无关的债务，相关债权人不得以该债权抵销其对合伙企业的债务，也不得代位行使该合伙人在合伙企业中的权利。②合伙人的自有财产不足清偿其与合伙企业无关的债务的，该合伙人可以以其从合伙企业中分得的收益用于清偿；债权人也可以依法请求人民法院强制执行该合伙人在合伙企业中的财产份额用于清偿。人民法院强制执行合伙人的财产份额时，应当通知全体合伙人，其他合伙人有优先受让权；其他合伙人未受让，又不同意将该财产份额转让给他人的，应为该合伙人办理退伙结算，或办理减少该合伙人相应财产份额的结算。

6. 入伙与退伙

（1）入伙

入伙，是指在合伙企业存续期间，合伙人以外的第三人加入合伙，取得合伙人资格。新合伙人入伙，除合伙协议另有约定外，应当经全体合伙人一致同意，并依法订立书面入伙协议。订立入伙协议时，原合伙人应当向新合伙人如实告知原合伙企业的经营状况和财务状况。一般来讲，入伙的新合伙人与原合伙人享有同等权利，承担同等责任。新合伙人对入伙前合伙企业的债务承担无限连带责任。但是，如果原合伙人愿意以更优越的条件吸引新合伙人入伙，或新合伙人愿意以较为不利的条件入伙，也可以在入伙协议中另行约定。

（2）退伙

退伙，是指在合伙企业存续期间，合伙人退出合伙企业，从而丧失合伙人资格。合伙人退伙一般有两种原因：一是自愿退伙；二是法定退伙。

自愿退伙。它是指合伙人基于自愿的意思表示而退伙。自愿退伙可以分为协议退伙和通知退伙两种情况。协议退伙是指合伙协议中约定合伙期限的；通知退伙是指合伙协议未约定合伙期限的，合伙人在不给合伙企业事务执行造成不利影响的情况下，可以退伙，但应当提前30日通知其他合伙人。

法定退伙。它是指合伙人因出现法律规定的事由而退伙。法定退伙分为当然退伙和除名两种情况。

退伙的法律后果。合伙人退伙后，退伙人在合伙企业中的财产份额和民事责任的归属变动，主要有财产继承、退伙结算、责任承担几种情况。

7. 特殊的普通合伙企业

（1）特殊的普通合伙企业的概念

特殊的普通合伙企业，是指一个合伙人或数个合伙人在执业活动中因故意或重大过失造成合伙企业债务的，应当承担无限责任或无限连带责任，其他合伙人以其在合伙企业中的财产份额为限承担责任，或者合伙人在执业活动中非因故意，或者重大过失造成的合伙企业债务以及合伙企业的其他债务，由全体合伙人承担无限连带责任的合伙企业。

以专业知识和专业技能为客户提供有偿服务的专业服务机构，它可以设立为特殊的普通合伙企业。特殊的普通合伙企业名称中应当标明"特殊普通合伙"字样。特殊的普通合伙企业适用下面第2点的特殊规定，若无特殊规定的，按普通合伙企业的规定。

（2）特殊的普通合伙企业的责任形式

①有限责任与无限连带责任相结合。即一个合伙人或数个合伙人在执业活动中因故意或重大过失造成合伙企业债务的，应当承担无限责任或无限连带责任，其他合伙人以其在合伙企业中的财产份额为限承担责任。

合伙人执业活动中因故意或重大过失造成的合伙企业债务，以合伙企业财产对外承担责任后，该合伙人应当按照合伙协议的约定，对给合伙企业或其他合伙人造成的损失应负赔偿责任。

②无限连带责任。对合伙人在执业活动中非因故意或重大过失造成的合伙企业债务以及合伙企业的其他债务，全体合伙人承担无限连带责任。

（四）有限合伙企业

1. 有限合伙企业的概念

有限合伙企业是指由有限合伙人和普通合伙人共同组成，普通合伙人对合伙企业债务承担无限连带责任，有限合伙人以其认缴的出资额为限对合伙企业债务承担责任的合伙组织。

2. 有限合伙企业的设立条件

（1）有限合伙企业由两个以上五十个以下合伙人设立；但是，法律另有规定的除外。有限合伙企业至少应当有一个普通合伙人。

（2）有限合伙企业名称中应当标明"有限合伙"字样。

（3）有限合伙企业的合伙协议除符合普通合伙企业合伙协议的规定外，还应当载明下列事项：①普通合伙人和有限合伙人的姓名或者名称、住所；②执行事务合伙人应具备的条件和选择程序；③执行事务合伙人权限与违约处理办法；④执行事务合伙人的除名条件和更换程序；⑤有限合伙人入伙、退伙的条件、程序以及相关责任；⑥有限合伙人和普通合伙人相互转变程序。

（4）有限合伙人可以用货币、实物、知识产权、土地使用权或者其他财产权利作价出资。有限合伙人不得以劳务出资。有限合伙人应当按照合伙协议的约定按期足额缴纳出资；未按期足额缴纳的，应当承担补缴义务，并对其他合伙人承担违约责任。

（5）有限合伙企业登记事项中应当载明有限合伙人的姓名或者名称及认缴的出资数额。

3. 有限合伙企业事务的执行

（1）有限合伙事务执行人

有限合伙企业由普通合伙人执行合伙事务。执行事务合伙人可以要求在合伙协议中确定执行事务的报酬及报酬提取方式。有限合伙人不执行合伙事务，不得对外代表有限合伙企业。

有限合伙人的下列行为，不视为执行合伙事务：①参与决定普通合伙人入伙、退伙；②对企业的经营管理提出建议；③参与选择承办有限合伙企业审计业务的会计师事务所；④获取经审计的有限合伙企业财务会计报告；⑤对涉及自身利益的情况，查阅有限合伙企业财务会计账簿等财务资料；⑥在有限合伙企业的利益受到侵害时，向有责任的合伙人主张权利或者提起诉讼；⑦执行事务合伙人怠于行使权利时，督促其行使权利或者为了本企业的利益以自己的名义提起诉讼；⑧依法为本企业提供担保。

第三人有理由相信有限合伙人为普通合伙人并与其交易的，该有限合伙人对该笔交易承担与普通合伙人同样的责任。有限合伙人未经授权以有限合伙企业名义与他人进行交易，给有限合伙企业或者其他合伙人造成损失的，该有限合伙人应当承担赔偿责任。

（2）有限合伙企业的利润分配

有限合伙企业不得将全部利润分配给部分合伙人；但是，合伙协议另有约定的除外。

（3）有限合伙人的权利

①有限合伙人可以同本有限合伙企业进行交易；但是，合伙协议另有约定的除外。②有限合伙人可以自营或者同他人合作经营与本有限合伙企业相竞争的业务；但是，合伙协议另有约定的除外。普通合伙人如果禁止有限合伙人自营或者同他人合作经营与本有限合伙企业相竞争的业务，应当在合伙协议中做出约定。

4. 有限合伙企业财产的出质与转让

（1）有限合伙人可以将其在有限合伙企业中的财产份额出质；但是，合伙协议另有约定的除外。这里的出质是指有限合伙人以其在合伙企业中的财产份额对外进行权利质押。

（2）有限合伙人可以按照合伙协议的约定向合伙人以外的人转让其在有限

合伙企业中的财产份额，但应当提前三十日通知其他合伙人。有限合伙人对外转让其在合伙企业中的财产份额时，在同等条件下，其他合伙人有优先购买权。

5. 有限合伙人的债务清偿

有限合伙人的自有财产不足清偿其与合伙企业无关的债务的，该合伙人可以以其从有限合伙企业中分取的收益用于清偿；债权人也可以依法请求人民法院强制执行该合伙人在有限合伙企业中的财产份额用于清偿。

人民法院强制执行有限合伙人的财产份额时，应当通知全体合伙人。在同等条件下，其他合伙人有优先购买权。

6. 有限合伙企业的入伙与退伙

（1）有限合伙企业入伙

新入伙的有限合伙人对入伙前有限合伙企业的债务，以其认缴的出资额为限承担责任。

（2）有限合伙企业退伙

有限合伙人出现下列情形时当然退伙：①作为合伙人的自然人死亡或者被依法宣告死亡；②作为合伙人的法人或者其他组织依法被吊销营业执照、责令关闭、撤销，或者被宣告破产；③法律规定或者合伙协议约定合伙人必须具有相关资格而丧失该资格；④合伙人在合伙企业中的全部财产份额被人民法院强制执行。

作为有限合伙人的自然人在有限合伙企业存续期间丧失民事行为能力的，其他合伙人不得因此要求其退伙。

作为有限合伙人的自然人死亡、被依法宣告死亡或者作为有限合伙人的法人及其他组织终止时，其继承人或者权利承受人可以依法取得该有限合伙人在有限合伙企业中的资格。

有限合伙人退伙后，对基于其退伙前的原因发生的有限合伙企业债务，以其退伙时从有限合伙企业中取回的财产承担责任。

第三节 劳动法

一、劳动法概述

（一）劳动法的概念

劳动法是调整劳动关系以及与劳动关系密切联系的社会关系的法律规范总称。

劳动法是国家为了保护劳动者的合法权益，建立和维护适应社会主义市场经济的劳动制度，促进经济发展和社会进步，根据宪法而制定颁布的法律。从狭义上讲，我国劳动法是指 1994 年 7 月 5 日第八届全国人民代表大会常务委员会第八次会议通过，1995 年 1 月 1 日起施行的《中华人民共和国劳动法》（以下简称《劳动法》）；从广义上讲，《劳动法》是调整劳动关系的法律法规，以及调整与劳动关系密切相关的其他社会关系的法律规范的总称。

（二）劳动法的调整对象

1. 劳动关系

劳动关系是指用人单位与劳动者之间，依法所确立的劳动过程中的权利义务关系。

用人单位是指中华人民共和国境内的企业、个体经济组织、民办非企业单位等组织。同时，也包括国家机关、事业单位、社会团体与劳动者建立劳动关系的。

劳动者是指达到法定年龄，具有劳动能力，以从事某种社会劳动获得收入为主要生活来源，依据法律或合同的规定，在用人单位的管理下从事劳动并获取劳动报酬的自然人。

劳动关系的特征：（1）劳动关系是在现实劳动过程中所发生的关系，与劳动者有着直接的联系；（2）劳动关系的双方当事人，一方是劳动者，另一方是提供生产资料的劳动者所在单位；（3）劳动关系具有人格上的从属性和经济上的从属性；（4）劳动关系的一方劳动者，要成为另一方所在单位的成员，要遵守单位内部的劳动规则以及有关制度。

2. 与劳动关系密切相关的其他社会关系

（1）劳动行政关系。

（2）劳动服务关系。

（3）劳动团体关系。

（4）处理劳动争议方面的社会关系。

（5）劳动监督检查方面的社会关系。

（三）劳动法的适用范围

（1）企业和个体经济组织中形成的劳动关系——劳动法调整的主要对象。

（2）一定范围的国家机关、事业组织、社会团体通过与劳动者签订劳动合同建立的劳动关系。

①国家机关、事业组织、社会团体与实行劳动合同制度的以及按规定应实行劳动合同制度的工勤人员之间的劳动关系。

②实行企业化管理的事业组织与其职工之间形成的劳动关系。

③其他劳动者通过签订劳动合同与国家机关、事业组织、社会团体建立的劳动关系。

（3）未纳入劳动法调整的劳动关系：

①公务员和比照公务员制度的事业组织和社会团体的工作人员适用《中华人民共和国公务员法》。

②农村劳动者（乡镇企业职工和进城务工经商的农民除外）。

③现役军人。

④家庭保姆、自然人用工。

⑤在中华人民共和国境内享有外交特权和豁免权的外国人。

（四）劳动法律关系

劳动法律关系构成要素分别为劳动法律关系的主体、内容与客体。

1.劳动法律关系的主体

劳动法律关系的主体是指依据劳动法律的规定，享有权利、承担义务的劳动法律关系的参与者。其包括企业、个体经济组织、国家机关、事业组织、社会团体等用人单位和与之建立劳动关系的劳动者，即雇主与雇员。

工会是团体劳动法律关系的形式主体。

劳动者成为劳动法律关系主体的前提条件是必须具有劳动权利能力和行为能力。劳动权利能力是劳动法律关系主体依法享有劳动权利和承担劳动义务的资格。行为能力是劳动法律关系主体能以自己的行为依法行使劳动权利和履行劳动义务，使劳动法律关系建立、变更和消灭的资格。

2. 劳动法律关系的内容

劳动法律关系的内容是指劳动法律关系主体依法享有的权利和承担的义务。

3. 劳动法律关系的客体

劳动法律关系的客体是指主体权利义务所指向的事物，即劳动法律关系所要达到的目的和结果。其包括体现一定的行政管理和物质利益性质的事物，如工资、保险福利、工作时间、休息休假和劳动安全卫生等事物。

二、劳动就业

（一）劳动就业的概念及特征

劳动就业是指具有劳动能力的公民在法定劳动年龄内自愿从事有一定劳动报酬或经营收入的社会劳动。劳动就业具有以下特征：

（1）劳动就业的主体具有特定性。劳动就业的主体必须是具有劳动权利能力和劳动行为能力的公民。我国劳动法规定，年满16周岁的公民，才具有劳动就业的资格。

（2）劳动就业必须是出自公民的自愿。劳动就业是公民的一种权利，这种权利的实现必须主观上有求职的愿望。

（3）劳动就业必须是一种能够为社会创造财富或有益于社会的劳动，即劳动就业要求劳动者必须从事法律允许的有益于社会的社会劳动，这是劳动者的劳动是否得到社会承认和法律保护的客观依据。

（4）劳动就业必须使劳动者能够获得一定的劳动报酬或经营收入。

（二）劳动就业的基本原则

1. 国家促进就业的原则

国家促进就业的措施主要如下：（1）国家通过促进经济发展，创造就业条件，扩大就业机会。（2）国家采取一系列措施鼓励企业、事业单位、社会团体等在法律法规允许的范围内兴办产业或者拓展经营，以增加就业机会。（3）国家支持劳动者自谋职业。（4）国家建立和健全劳动就业的服务体系。

2. 平等就业和双向选择原则

劳动者享有平等获得就业机会的权利。它具体包括两个方面的内容：一方面是就业资格的平等，即劳动者的就业资格是平等的，不因民族、种族、性别和宗教信仰不同而受歧视；另一方面是就业能力衡量尺度的平衡，即社会对公民的劳动行为能力要以同一标准进行衡量。

双向选择是指劳动者根据自己的意愿、爱好以及才能等自由选择职业，而用人单位有权根据实际需要自主选择劳动者。

3. 照顾特殊群体就业原则

照顾特殊群体就业原则的主要体现就是为特殊群体提供特殊就业保障。特殊就业保障的对象包括妇女、残疾人、退役军人和少数民族人员。《劳动法》第十三条规定："妇女享有与男子平等的就业权利。在录用职工时，除国家规定的不适合妇女的工种或者岗位外，不得以性别为由拒绝录用妇女或者提高对妇女的录用标准。"第十四条规定："残疾人、少数民族人员、退出现役的军人的就业，法律、法规有特别规定的，从其规定。"

（三）劳动者的权利和义务

《中华人民共和国宪法》规定："中华人民共和国公民有劳动的权利和义务。"劳动者的权利和义务是相互依存、不可分离的。任何权利的实现总是以义务的履行为条件的。

1. 劳动者的权利

（1）平等就业和选择职业的权利。劳动者可以自由选择自己的职业，不因民族、种族、性别和宗教信仰等原因而受歧视。

（2）取得劳动报酬的权利。劳动者通过劳动获得的合法收入，受法律保护。

（3）休息休假的权利。劳动者有权获得正常的休息休假，保持身心健康。

（4）获得劳动安全卫生保护的权利。劳动者的工作条件应当符合国家规定的安全、卫生要求。

（5）接受职业培训的权利。劳动者有权获得必要的职业培训提高自己的劳动技能。

（6）享受社会保险和福利的权利。劳动者有权参加养老、工伤、医疗、失业、生育等社会保险，有权享有本单位提供的福利待遇。

（7）提请劳动争议处理的权利。在发生劳动争议时，劳动者有权提请劳动争议处理机构进行调解、仲裁或向法院起诉。

（8）法律规定的其他劳动权利。当劳动者的合法权益受到侵害时，有权要求有关部门依法处理或者依法申请仲裁、提起诉讼。

2.劳动者的义务

（1）完成劳动任务。劳动者有责任按要求完成规定的工作。

（2）提高职业技能。劳动者有义务不断提高自己的职业技能。

（3）执行劳动安全卫生规程。劳动者在劳动过程中应遵守安全卫生方面的规定。

（4）遵守劳动纪律和职业道德。劳动者在劳动过程中应遵守劳动纪律和职业道德。

（四）用人单位的权利和义务

1.用人单位的权利

（1）自主录用权。用人单位有权按国家规定和本单位需要择优录用职工，可以自主决定招工的时间、条件、数量、用工形式等。

（2）机构设置及人事任免权。用人单位有权按国家规定和实际需要确定机构、编制和任职；有权任免、聘用管理人员和技术人员，对职工进行内部调配和劳动组合，并对职工的劳动实施指挥和监督。

（3）劳动报酬分配权。用人单位有权按国家规定确定工资分配办法，自主决定晋级增薪、降级减薪的条件和时间等。

（4）奖惩权。用人单位有权制定和实施劳动纪律；有权决定对职工的奖惩。

（5）劳动合同变更、解除权。劳动合同变更、解除权主要是指用人单位有权与职工以签订协议方式、续订、变更、暂停或解除劳动合同；有权在具备法定或约定条件时单方解除劳动合同。

2.用人单位的义务

（1）支付劳动报酬的义务。（2）保护职工的义务。（3）帮助职工的义务。（4）合理使用职工的义务。（5）培训职工的义务。（6）必须执行劳动法规、劳动政策和劳动标准的义务。（7）接受国家劳动计划的指导，服从劳动行政部门以及其他有关国家机关的管理和监督的义务。

三、劳动基准制度

劳动基准法律制度是有关劳动报酬和劳动条件最低标准的法律规范的总称。我国《劳动法》第四章（工作时间和休息休假）、第五章（工资）、第六章（劳动安全卫生）、第七章（女职工和未成年工特殊保护）规定了我国劳动基准制度的主要内容。

（一）工作时间

1. 工作时间的概念

工作时间又称劳动时间，是指法律规定的劳动者在一昼夜和一周内从事劳动的时间。它包括每日工作的小时数，每周工作的天数和小时数。

2. 我国的标准工作时间

每日不超过 8 小时，每周不超过 44 小时，用人单位应当保证劳动者每周至少休息 1 日。企业因生产特点不能实行标准工作制的，经劳动行政部门批准，可以实行其他工作和休息办法。

我国《劳动法》颁布实施后，国务院又于 1995 年 3 月 25 日颁布了《关于修改〈国务院关于职工工作时间的规定〉的决定》，规定"职工每日工作 8 小时，每周工作 40 小时"。

（二）休息休假

休息休假是指劳动者为行使休息权在国家规定的法定工作时间以外，不从事生产或工作而自行支配的时间。

1. 休息时间的种类

（1）工作日内的间歇时间，是指在工作日内给予劳动者休息和用餐的时间。一般为 1~2 小时，最少不得少于半小时。

（2）工作日间的休息时间，是指两个邻近工作日之间的休息时间，一般不少于 16 小时。

（3）公休假日，又称周休息日，是劳动者一周（7 日）内享有的休息日。公休假日一般为每周 2 日，一般安排在周六和周日休息。企业和不能实行国家统一工作时间的事业组织，可根据实际情况灵活安排周休息日。《劳动法》第 38 条规定："用人单位应当保证劳动者每周至少休息 1 日。"

2. 休假的种类

（1）法定节假日，是指法律规定用于开展纪念、庆祝活动的休息时间。我国劳动法规定的法定节假日有：元旦、春节、清明节、劳动节、端午节、中秋节和国庆节等。

（2）探亲假，是指劳动者享有保留工资、工作岗位而同分居两地的父母或配偶团聚的假期。职工探望配偶的，每年给予一方探亲假一次，假期为 30 天。

（3）年休假，是指职工工作满一定年限，每年可享有的带薪连续休息的时间。

《劳动法》第 45 条规定：国家实行带薪年休假制度。劳动者连续工作 1 年以上的，享受带薪年休假。具体办法由国务院规定。

（三）加班加点

加班是指劳动者在法定节日或公休假日从事生产或工作。加点是指劳动者在标准工作日以外延长工作的时间。加班加点又统称为延长工作时间。为保证劳动者休息权的实现，《劳动法》规定任何单位和个人不得擅自延长职工工作时间。

1. 加班加点的限制规定

《劳动法》第 41 条规定："用人单位由于生产经营需要，经与工会和劳动者协商后可以延长工作时间，一般每日不得超过 1 小时；因特殊原因需要延长工作时间的，在保障劳动者身体健康的条件下延长工作时间每日不得超过 3 小时，但是每月不得超过 36 小时。"

2. 特殊情况下延长工作时间的规定

劳动法规规定在下述特殊情况下，延长工作时间不受《劳动法》第 41 条的限制：（1）发生自然灾害、事故或者因其他原因，威胁劳动者生命健康和财产安全，或使人民的安全健康和国家财产遭到严重威胁，需要紧急处理的。（2）生产设备、交通运输线路、公共设施发生故障，影响生产和公共利益，必须及时抢修的。（3）在法定节日和公休假日内工作不能间断，必须连续生产、运输或营业的。（4）必须利用法定节日或公休假日的停产期间进行设备检修、保养的。（5）为完成国防紧急生产任务，或者完成上级在国家计划外安排的其他紧急生产任务，以及商业、供销企业在旺季完成收购、运输、加工农副产品紧急任务的。（6）法律、行政法规规定的其他情形。

3. 加班加点的工资标准

（1）安排劳动者延长工作时间的，支付不低于工资的 150% 的工资报酬。（2）休息日安排劳动者工作又不能安排补休的，支付不低于工资的 200% 的工资报酬。（3）法定休假日安排劳动者工作的，支付不低于工资的 300% 的工资报酬。

4. 劳动保障行政部门的监督检查

《劳动法》规定，县级以上各级人民政府劳动保障行政部门对于本行政区域内的用人单位组织劳动者加班加点的工作依法监督检查，区别不同情况，予以行政处罚：（1）用人单位未与工会或劳动者协商，强迫劳动者延长工作时间的，给予警告，责令改正，并可按每名劳动者延长工作时间每小时罚款 100 元以下的标准处罚。（2）用人单位每日延长劳动者工作时间超过 3 小时或每月延长工作时间超过 36 小时的，给予警告，责令改正，并可按每名劳动者每超过工作时间 1 小时罚款 100 元以下的标准处罚。

（四）工资

1. 工资的概念

工资是指用人单位依据国家有关规定和集体合同、劳动合同约定的标准，根据劳动者提供劳动的数量和质量，以货币形式支付给劳动者的劳动报酬。

2. 工资形式

工资形式是指计量劳动和支付劳动报酬的方式。企业可根据本单位的生产经营特点和经济效益，依法自主确定本单位的工资分配形式。我国的工资形式主要有：

（1）计时工资

计时工资是按单位时间工资标准和劳动者实际工作时间计付劳动报酬的工资形式。我国常见的有小时工资、日工资和月工资。

（2）计件工资

计件工资是按照劳动者生产合格产品的数目或作业量以及预先规定的计件单价支付劳动报酬的一种工资形式。计件工资是计时工资的转化形式。

（3）奖金

奖金是给予劳动者的超额劳动报酬和增收节支的物质奖励。有月奖、季度奖和年度奖；经常性奖金和一次性奖金；综合奖和单项奖等。

（4）津贴

津贴是对劳动者在特殊条件下的额外劳动消耗或额外费用支出给予物质补偿的一种工资形式。主要包括岗位津贴、保健性津贴和技术津贴等。

（5）补贴

补贴是为了保障劳动者的生活水平不受特殊因素影响而支付给劳动者的工资形式。它与劳动者的劳动没有直接联系，其发放根据主要是国家有关政策规定，如物价补贴、边远地区生活补贴等。

（6）特殊情况下的工资

特殊情况下的工资是对非正常工作情况下的劳动者依法支付工资的一种工资形式。主要有：加班加点工资，事假、病假、婚假和探亲假等工资，以及履行国家和社会义务期间的工资等。

3. **工资支付保障**

工资支付保障是为保障劳动者劳动报酬权的实现，防止用人单位滥用工资分配权而制定的有关工资支付的一系列规则。工资支付应遵守如下规则：（1）工资应以法定货币支付，不得以实物及有价证券代替货币支付。（2）工资应在用人单位与劳动者约定的日期支付。工资一般按月支付，至少每月支付一次。实行周、日、小时工资制的，可按周、日和小时支付。（3）劳动者依法享受年休假、探亲假、婚假和丧假期间，以及依法参加社会活动期间，用人单位应按劳动合同规定的标准支付工资。（4）工资应付给劳动者本人，也可由劳动者家属或委托他人代领，用人单位可委托银行代发工资。（5）工资应依法足额支付，除法定或约定允许扣除工资的情况外，严禁非法克扣或无故拖欠劳动者工资。（6）用人单位依法破产时，劳动者有权获得其工资。在破产清偿顺序中，用人单位应按《中华人民共和国企业破产法》规定的清偿顺序，首先支付本单位劳动者的工资。

（五）劳动安全卫生制度与特殊劳动保护

1. **劳动安全卫生的概念**

劳动安全卫生，是指国家为了改善劳动条件，保护劳动者在劳动过程中的安全与健康而制定的各种法律规范的总称。它包括劳动安全、劳动卫生两类法律规范。劳动安全是为防止和消除劳动过程中的伤亡事故而制定的各种法律规范，劳动卫生是为保护劳动者在劳动过程中的健康，预防和消除职业病、职业中毒和其他职业危害而制定的各种法律规范。

2. **劳动安全卫生工作的方针与制度**

劳动安全卫生工作的方针是：安全第一，预防为主。安全第一是指在劳动过程中，始终把劳动者的安全放在第一位；预防为主是指采取有效措施消除事故隐患和防止职业病的发生。安全是目的，预防是手段，二者密不可分。

劳动安全卫生制度，是指为保障劳动者在劳动过程中的安全健康，国家、用人单位制定的劳动安全卫生管理制度，包括规定企业各级领导、职能科室人员、工程技术人员和生产工人在劳动过程中的安全生产责任的制度；为改善劳动条件、防止和消除伤亡事故及职业病而编制的预防和控制的安全技术措施计划制度；对劳动者进行劳动安全卫生法规、基本知识、操作技术教育的制度；劳动安全卫生检查制度；劳动安全卫生监督制度；伤亡事故和职业病统计报告处理制度等。

3.女职工特殊劳动保护

女职工特殊劳动保护是指根据女职工生理特点和抚育子女的需要，对其在劳动过程中的安全健康所采取的有别于男职工的特殊保护。对女职工特殊劳动保护的措施主要包括：

禁忌女职工从事下列繁重体力劳动的作业：（1）矿山井下作业。（2）森林业伐木、归楞及流放作业。（3）《体力劳动强度分级》标准中第四级体力劳动强度的作业。（4）建筑业脚手架的组装和拆除作业，以及电力、电信行业的高处架线作业。（5）连续负重（指每小时负重次数在6次以上）每次负重超过20公斤，间断负重每次负重超过25公斤的作业。（6）已婚待孕女职工禁忌从事铅、汞、苯、镉等作业场所属于《有毒作业分级》标准中第三、第四级的作业。

女职工"四期"保护：（1）妇女经期保护。不得安排女职工在经期从事高处、高温、低温、冷水作业和国家规定的第三级体力劳动强度的劳动。（2）怀孕期保护。不得安排女职工在怀孕期间从事国家规定的第三级体力劳动强度和孕期禁忌从事的劳动，对怀孕7个月以上的女职工，不得安排其延长工作时间和夜班劳动。（3）生育期保护。女职工生育期享受不少于90天的产假。（4）哺乳期保护。不得安排女职工在哺乳未满1周岁的婴儿期间从事国家规定的第三级体力劳动强度的劳动和哺乳期禁忌从事的其他劳动，不得安排其延长工作时间和夜班劳动。

4.未成年工特殊劳动保护

未成年工是指年满16周岁未满18周岁的劳动者。对未成年工特殊劳动保护的措施主要包括：（1）上岗前培训。未成年工上岗，用人单位应对其进行有关的职业安全卫生教育、培训。（2）禁止安排未成年工从事有害健康的工作。用人单位不得安排未成年工从事矿山井下、有毒有害、国家规定的第四级体力劳动强度和其他禁忌从事的劳动。（3）提供适合未成年工身体发育的生产工具等。（4）定期进行健康检查。用人单位应按规定在下列时间对未成年工定期进行健康检查；①安排工作岗位之前。②工作满1年。③年满18周岁，距前一次的体检时间已超过半年。

四、劳动合同

《劳动法》规定，劳动者享有平等就业和选择职业的权利、取得劳动报酬的权利、休息休假的权利、获得劳动安全卫生保护的权利、接受职业技能培训的权利、享受社会保险和福利的权利、提请劳动争议处理的权利以及法律规定的其他劳动权利。用人单位应当依法建立和完善规章制度，保障劳动者享有劳动权利和履行劳动义务。这些规定为建立合理公平的劳动关系提供了制度保障，有利于双方订立劳动合同。

（一）劳动合同的概念和特征

劳动合同是劳动者与用人单位确立劳动关系、明确双方权利和义务的协议。通过劳动合同的签订、履行、变更、终止调节劳动力的供求关系，既能使劳动者有一定的择业和流动自由，又能制约劳动者在合同期内适当履行劳动义务和完成应尽职责，从而使劳动力有相对的稳定性和合理的流动性。

劳动合同的特征：（1）劳动合同的当事人双方是特定的；（2）法律保障求职者与招工单位通过相互选择确定合同当事人；（3）求职者与招工单位签订劳动合同后，双方形成管理关系；（4）劳动合同的目的在于劳动过程的完成；（5）劳动合同在一定条件下，往往涉及第三人的物质利益。

（二）劳动合同的形式、内容和期限

（1）劳动合同的形式。《劳动合同法》规定，订立劳动合同应当采用书面形式。

（2）劳动合同的内容。劳动合同的内容包括合同的必备条款和当事人协商约定的其他内容。《劳动合同法》第十七条规定，劳动合同应当具备以下条款：①用人单位的名称、住所和法定代表人或者主要负责人；②劳动者的姓名、住址和居民身份证或者其他有效身份证件号码；③劳动合同期限；④工作内容和工作地点；⑤工作时间和休息休假；⑥劳动报酬；⑦社会保险；⑧劳动保护、劳动条件和职业危害防护；⑨法律、法规规定应当纳入劳动合同的其他事项。

劳动合同除前款规定的必备条款外，用人单位与劳动者可以约定试用期、培训、保守秘密、补充保险和福利待遇等其他事项。

（3）劳动合同的期限：①有固定期限的合同。②无固定期限的合同；劳动者在同一用人单位连续工作满10年以上，当事人双方同意延续劳动合同的，如果劳动者提出订立无固定期限的劳动合同，应当订立无固定期限的劳动合同。③以完成一定的工作为期限的合同。

（三）劳动合同的解除

劳动合同的解除分为约定解除和法定解除。

1. 约定解除

《劳动法》规定，经合同当事人协商一致，劳动合同可以解除。

2. 法定解除

（1）用人单位可以解除合同的情形。按照《劳动合同法》第三十九条的规定，有下列情形之一的，用人单位可以解除合同：①在试用期间被证明不符合录用条件的。②严重违反用人单位的规章制度的。③严重失职，营私舞弊，给用人单位造成重大损害的。④劳动者同时与其他用人单位建立劳动关系，对完成本单位的工作任务造成严重影响，或者经用人单位提出，拒不改正的。⑤因本法第二十六条第一款第一项规定的情形致使劳动合同无效的。⑥被依法追究刑事责任的。

（2）劳动者可以解除合同的情形。《劳动合同法》第三十八条规定，用人单位有下列情形之一的，劳动者可以解除劳动合同。

①未按照劳动合同约定提供劳动保护或者劳动条件的。②未及时足额支付劳动报酬的。③未依法为劳动者缴纳社会保险费的。④用人单位的规章制度违反法律、法规的规定，损害劳动者权益的。⑤因本法第二十六条第一款规定的情形致使劳动合同无效的。⑥法律、行政法规规定劳动者可以解除劳动合同的其他情形。

用人单位以暴力、威胁或者非法限制人身自由的手段强迫劳动者劳动的，或者用人单位违章指挥、强令冒险作业危及劳动者人身安全的，劳动者可以立即解除劳动合同，不需事先告知用人单位。

（四）无效劳动合同

根据《劳动合同法》第二十六条的规定，下列劳动合同无效或者部分无效。

（1）以欺诈、胁迫的手段或者乘人之危，使对方在违背真实意思的情况下订立或者变更劳动合同的。

（2）用人单位免除自己的法定责任、排除劳动者权利的。

（3）违反法律、行政法规强制性规定的。

五、社会保险

社会保险是为丧失劳动能力、失业或因健康原因造成收入损失的人群提供收入或补偿的一种社会和经济制度。社会保险由政府组织，强制某一群体将其收入的一部分作为社会保险费缴纳至社会保险基金，当满足一定的条件时，被保险人可从基金获得固定的收入或损失补偿。社会保险主要包括养老保险、医疗保险、失业保险、工伤保险和生育保险。

社会保险不同于商业保险，其具有社会性、强制性、互济性、福利性和补偿性等属性。所谓社会性，是指社会保险的范围非常广泛，包括社会上不同层次、行业和职业的劳动者。所谓强制性，是指作为社会保险的主干部分的国家基本保险，由国家立法强制实行，保险的项目、收费标准、待遇水平等内容均由国家规定，而不能由投保人和保险人自主决定；所谓互济性，是指社会保险系用统筹调剂的方法集中和使用资金，劳动者和用人单位在保险费的缴纳、保险金的支取上具有互相提供保障的属性。所谓福利性，是指社会保险以帮助劳动者摆脱生活困难为目的，属于非盈利性、公益性服务事业，缴纳保险费的多少不完全取决于风险发生的概率，享受保险待遇的水平也不完全取决于缴纳保险费的多少，而是主要根据基本生活需要决定，国家对保险所需资金负有一定的支持责任；所谓补偿性，是指社会保险费用虽然主要由用人单位和政府直接承担，但实际上是将劳动者应得报酬的一部分集中起来以保险形式分配给劳动者，是对劳动者贡献的补偿。

（一）养老保险

养老保险是社会保障制度的重要组成部分，是五大险种中最重要的险种之一。养老保险制度是国家和社会根据一定的法律和法规，为保障劳动者在达到国家规定的解除劳动义务的劳动年龄界限或因年老丧失劳动能力退出劳动岗位后的基本生活而建立的一种社会保险制度。

我国养老保险由四部分组成。即基本养老保险、企业补充养老保险、个人储蓄性养老保险和商业养老保险。在四种养老保险体系中，基本养老保险为第一层次，也是最高层次，具有强制性、互济性和社会性。强制性体现在由国家立法并强制实行，企业和个人必须参加；互济性体现在养老保险费用由企业和个人两方共同负担，统一使用、支付；社会性体现在养老保险涵盖面广且时间较长。

1.基本养老保险费

根据《中华人民共和国社会保险法》的规定，职工应当参加基本养老保险，由用人单位和职工共同缴纳基本养老保险费。无雇工的个体工商户、未在用人单位参加基本养老保险的非全日制从业人员，以及其他灵活就业人员可以参加基本养老保险，由个人缴纳基本养老保险费。

2.基本养老保险金

基本养老金由统筹养老金和个人账户养老金组成。基本养老金根据个人累计缴费年限、缴费工资、当地职工平均工资、个人账户金额和城镇人口平均预期寿命等因素确定。参加基本养老保险的个人，达到法定退休年龄时累计缴费满 15 年的，按月领取基本养老金。个人达到法定退休年龄时累计缴费不足 15 年的，可以缴费至满 15 年，按月领取基本养老金；也可以转入新型农村社会养老保险或者城镇居民社会养老保险，按照国务院规定享受相应的养老保险待遇。个人因病或者非因工死亡的，其遗属可以领取丧葬补助金和抚恤金；在未达到法定退休年龄时因病或者非因工致残完全丧失劳动能力的，可以领取病残津贴。所需资金从基本养老保险基金中支付。

基本养老保险金的个人账户不得提前支取，其记账利率不得低于银行定期存款利率，且免征利息税。个人死亡的，个人账户余额可以由其继承人继承。基本养老金实行正常调整机制。根据职工平均工资增长、物价上涨情况，适时提高基本养老保险待遇水平。

（二）医疗保险

医疗保险是为了补偿劳动者因疾病风险可能造成的经济损失而建立的一项社会保险制度。该保险通过用人单位与个人缴纳医疗保险费，建立医疗保险基金，参保人员患病就诊发生医疗费用后，由医疗保险机构对其给予一定的经济补偿。

1.基本医疗保险费

根据社会保险法的规定，职工应当参加职工基本医疗保险，由用人单位和职工按照国家规定共同缴纳基本医疗保险费。无雇工的个体工商户、未在用人单位参加职工基本医疗保险的非全日制从业人员以及其他灵活就业人员可以参加职工基本医疗保险，由个人按照国家规定缴纳基本医疗保险费。居民基本医疗保险实行个人缴费和政府补贴相结合。享受最低生活保障的人、丧失劳动能力的残疾人、低收入家庭 60 周岁以上的老年人和未成年人等所需个人缴费部分，由政府给予补贴。

2.基本医疗保险金

参加职工基本医疗保险的个人，达到法定退休年龄时累计缴费达到国家规定年限的，退休后不再缴纳基本医疗保险费，按照国家规定享受基本医疗保险待遇；未达到国家规定年限的，可以缴费至国家规定年限。

符合基本医疗保险药品目录、诊疗项目、医疗服务设施标准，以及急诊、抢救的医疗费用，按照国家规定从基本医疗保险基金中支付。参保人员医疗费用中应当由基本医疗保险基金支付的部分，由社会保险经办机构与医疗机构、药品经营单位直接结算。下列医疗费用不纳入基本医疗保险基金支付范围：(1)应当从工伤保险基金中支付的；(2)应当由第三人负担的；(3)应当由公共卫生负担的；(4)在境外就医的。医疗费用依法应当由第三人负担，第三人不支付或者无法确定第三人的，由基本医疗保险基金先行支付。基本医疗保险基金先行支付后，有权向第三人追偿。

社会保险经办机构根据管理服务的需要，可以与医疗机构、药品经营单位签订服务协议，规范医疗服务行为。医疗机构应当为参保人员提供合理、必要的医疗服务。

(三)工伤保险

工伤保险，是指劳动者在工作中或在规定的特殊情况下，遭受意外伤害或患职业病导致暂时或永久丧失劳动能力以及死亡时，劳动者或其亲属从国家和社会获得物质帮助的一种社会保险制度。工伤保险实行无过错责任。无论工伤事故是由用人单位、职工个人还是第三者造成，用人单位均应承担保险责任。工伤保险也不同于养老保险等险种，劳动者不需要缴纳保险费，全部费用由用人单位负担。

1.适用范围

工伤保险的适用范围包括中华人民共和国境内的企业、事业单位、社会团体、民办非企业单位、基金会、律师事务所、会计师事务所等组织和有雇工的个体工商户。公务员和参照公务员法管理的事业单位、社会团体的工作人员因工作遭受事故伤害或者患职业病的，由所在单位支付费用。

根据《工伤保险条例》第14条的规定，职工有下列情形之一的，应当认定为工伤：(1)在工作时间和工作场所内，因工作原因受到事故伤害的；(2)工作时间前后在工作场所内，从事与工作有关的预备性或者收尾性工作受到事故伤害的；(3)在工作时间和工作场所内，因履行工作职责受到暴力等意外伤害的；(4)患职业病的；(5)因工外出期间，由于工作原因受到伤害或者发生事故下落不明的；(6)在上下班途中，受到非本人主要责任的交通事故或者城市轨道交通、客运轮渡、火车事故伤害的；(7)法律、行政法规规定应当认定为工伤的其他情形。

同时，根据本条例第 15 条的规定，职工有下列情形之一的，视同工伤：（1）在工作时间和工作岗位，突发疾病死亡或者在 48 小时之内经抢救无效死亡；（2）在抢险救灾等维护国家利益、公共利益活动中受到伤害的；（3）职工原在军队服役，因战、因公负伤致残，已取得革命伤残军人证，到用人单位后旧伤复发的。符合上述第 14 条、第 15 条的规定，但是有下列情形之一的，不得认定为工伤或者视同工伤：（1）故意犯罪的；（2）醉酒或者吸毒的；（3）自残或者自杀的。

劳动者提出工伤认定申请应当提交下列材料：（1）工伤认定申请表；（2）与用人单位存在劳动关系（包括事实劳动关系）的证明材料；（3）医疗诊断证明或者职业病诊断证明书（或者职业病诊断鉴定书）。工伤认定申请表应当包括事故发生的时间、地点、原因以及职工伤害程度等基本情况。职工发生工伤，经治疗伤情相对稳定后存在残疾、影响劳动能力的，应当进行劳动能力鉴定。劳动能力鉴定由用人单位、工伤职工或者其近亲属向设区的市级劳动能力鉴定委员会提出申请，并提供工伤认定决定和职工工伤医疗的有关资料。

2. 工伤保险待遇

参加工伤保险的用人单位的职工发生工伤，经劳动保障行政部门认定工伤或作出劳动能力鉴定，以下项目符合规定的从工伤保险基金中支付：（1）工伤医疗费。治疗工伤、职业病所发生的符合国家规定的相关目录或标准的全部费用。（2）辅助器具配置费。（3）一次性伤残补助金。（4）伤残津贴。（5）评残后的生活护理费。生活护理费按照生活完全不能自理、生活大部分不能自理或者生活部分不能自理 3 个不同等级支付，其标准分别为统筹地区上年度职工月平均工资的 50%、40% 或者 30%。（6）丧葬补助金。为 6 个月的统筹地区上年度职工月平均工资。（7）供养亲属抚恤金。按照职工本人工资的一定比例发给由因工死亡职工生前提供主要生活来源、无劳动能力的亲属。标准为：配偶每月 40%，其他亲属每人每月 30%，孤寡老人或者孤儿每人每月在上述标准的基础上增加 10%。核定的各供养亲属的抚恤金之和不应高于因工死亡职工生前的工资，供养亲属的具体范围由国务院社会保险行政部门规定。（8）一次性工亡补助金，标准为上一年度全国城镇居民人均可支配收入的 20 倍。（9）康复性治疗费用。（10）职工住院治疗工伤的伙食补助费，以及经医疗机构出具证明，报经办机构同意，工伤职工到统筹地区以外就医所需的交通、食宿费用从工伤保险基金支付，基金支付的具体标准由统筹地区人民政府规定。（11）伤残等级为 5 级至 10 级且与用人单位解除了劳动关系的工伤职工，由工伤保险基金以解除劳动关系时统筹地区上年度职工月平均工资为基数，支付一次性工伤医疗补助金。具体标准由省、自治区、直辖市人民政府规定。（12）劳动能力鉴定费。

职工所在用人单位未依法缴纳工伤保险费，发生工伤事故的，由用人单位支付工伤保险待遇。用人单位不支付的，从工伤保险基金中先行支付。从工伤保险基金中先行支付的工伤保险待遇应当由用人单位偿还。用人单位不偿还的，社会保险经办机构可以依照法律规定追偿。由于第三人的原因造成工伤，第三人不支付工伤医疗费用或者无法确定第三人的，由工伤保险基金先行支付。工伤保险基金先行支付后，有权向第三人追偿。

（四）失业保险

失业保险，是指国家通过立法对因失业而暂时中断生活来源的劳动者提供物质帮助，保障失业人员失业期间的基本生活，促进其再就业的制度。根据社会保险法第45条规定，失业人员符合下列条件的，从失业保险基金中领取失业保险金：（1）失业前用人单位和本人已经缴纳失业保险费满1年的；（2）非因本人意愿中断就业的；（3）已经进行失业登记，并有求职要求的。

根据《失业保险条例》的规定，城镇企业事业单位应当及时为失业人员出具终止或者解除劳动关系的证明，告知其按照规定享受失业保险待遇的权利，并将失业人员的名单自终止或者解除劳动关系之日起7日内报社会保险经办机构备案。城镇企业事业单位职工失业后，应当持本单位为其出具的终止或者解除劳动关系的证明，及时到指定的社会保险经办机构办理失业登记。失业保险金自办理失业登记之日起计算。失业保险金由社会保险经办机构按月发放。

失业人员失业前所在单位和本人按照规定累计缴费时间满1年不足5年的，领取失业保险金的期限最长为12个月；累计缴费时间满5年不足10年的，领取失业保险金的期限最长为18个月；累计缴费时间10年以上的，领取失业保险金的期限最长为24个月。重新就业后，再次失业的，缴费时间重新计算，领取失业保险金的期限可以与前次失业应领取而尚未领取的失业保险金的期限合并计算，但是最长不得超过24个月。

失业保险金的标准，按照低于当地最低工资标准、高于城市居民最低生活保障标准的水平，由省、自治区、直辖市人民政府确定。失业人员在领取失业保险金期间患病就医的，可以按照规定向社会保险经办机构申请领取医疗补助金。医疗补助金的标准由省、自治区、直辖市人民政府规定。失业人员在领取失业保险金期间死亡的，参照当地对在职职工的规定，对其家属一次性发给丧葬补助金和抚恤金。

失业人员在领取失业保险金期间有下列情形之一的，停止领取失业保险金，并同时停止享受其他失业保险待遇：（1）重新就业的；（2）应征服兵役的；（3）移居境外的；（4）享受基本养老保险待遇的；（5）无正当理由，拒不接受当地人民政府指定部门或者机构介绍的适当工作或者提供的培训的。

第四节 税收法

一、税收概述

（一）税收的概念

税收是国家凭借其政治权力，依据税法的规定，无偿向纳税人征收货币或实物，以实现国家职能的一种特殊的分配形式。税收是国家取得财政收入的最重要的来源。

（二）税收的特征

税收不同于其他财政收入，其特征如下。

（1）强制性。国家为了实现其职能，按法定程序立法来征收税收。法律具有强制性，决定了税收的强制性。我国《宪法》规定，纳税是公民的基本义务之一，不依法纳税者将受到法律的制裁。

（2）无偿性。国家满足公共需要经常是以无偿方式付出，决定了国家获得收入也应当是无偿的。依法征收的税款归国家所有，国家对纳税人不直接支付任何对价。

（3）固定性。国家依照法定程序征收税款，征税范围、纳税人、税率、纳税环节等都在税法中预先明确，因此税收具有相对的稳定性。

（三）税收的作用

税收在国家的财政体制中具有相当重要的作用，主要表现在以下几个方面。

（1）组织财政收入的作用。经济建设、科教文卫建设、民主与法制建设、国防建设等都需要强有力的资金做保障。只有拥有充足的财力后盾，社会主义市场经济的发展才能持久。通过税收聚集国家发展的资金，是税收最重要、最原始的作用。

（2）调节经济的作用。国家可以通过税种的开征和停征、税率的提高或降低、税收的减免和加成等体现国家产业政策的需要，引导投资者、纳税人的行为，最终优化资源的合理配置。税收虽然具有固定性，但并不是一成不变的。国家适时调整税收政策，能够对行业调整、地区发展等起到很好的指引和调节作用。

（3）公平税负的作用。税收是对社会财富的再分配。这种再分配应尽量体现公平，即收入水平相当的纳税人承担的税负应当相同，收入水平不同的纳税人承担的税负应当有差别。不公平的税负，轻者引起纳税人不满、偷漏税猖獗，重者引发政治动荡甚至社会变革，所以应尽量避免，及时调整。当然，税收要做到绝对的公平是有难度的。

（4）维护国家主权，促进对外交流的作用。在国际交往中，我们应当充分利用税收来维护自身的利益。尽管我国已加入世界贸易组织，承诺必须降低关税，但是我们仍然有不少手段可以用来保护我国的利益，如对外来商品征收反倾销、反补贴关税，制定关税配额等。我国遵循平等互利的外交原则，在对外贸易上遵循对等原则。任何国家或地区对我国采取歧视性禁止、限制或者类似措施的，我国可以根据实际情况对该国采取相应的措施。

（5）调整国际收支的作用。一般来说，保持国际收支平衡是一国对外贸易追求的目标。当一国面临贸易赤字、货币贬值的压力时，可以适当调高出口退税率，以增加出口，改善贸易收入。而当一国贸易顺差、面临货币升值的压力时，适当下调出口退税率，有利于平衡国际收支，减少升值压力。

（四）税收的分类

税收按照不同的标准可以有多种分类。

1. 按照征收对象分类

按照征收对象，税收可分为流转税、所得税、财产税、资源税和特定行为税。这是最常见、最基本的一种分类。

（1）流转税。流转税是以商品或者非商品流转额（如销售额、营业额、转让额等）为征税对象的一种税，如增值税、消费税、关税等。

（2）所得税。所得税是以所得额、收益额为征税对象的一种税，如企业所得税和个人所得税等。

（3）财产税。财产税是以房屋等财产的价值为征税对象的一种税，如房产税、车船税等。

（4）资源税。资源税是以纳税人开采自然资源、使用土地资源等的量为征收对象的一种税，如资源税、城镇土地使用税、耕地占用税、土地增值税等。

（5）特定行为税。特定行为税是以国家需要调节的各种特殊行为为征税对象的一种税，如印花税、城市维护建设税、固定资产投资方向调节税、车辆购置税等。

2. 按照税收管辖和收入归属分类

按照税收管辖和收入归属，税收可分为中央税、地方税和中央地方共享税。从1994年1月1日起，我国实行分税制，即按照中央和地方政府的事权，划分各级财政的支出范围；根据财权和事权相统一原则，合理划分中央和地方收入。中央税包括：消费税、关税、海关代征的增值税和消费税、储蓄存款利息所得个人所得税、车辆购置税等。地方税包括：营业税、企业所得税、个人所得税、城镇土地使用税、固定资产投资方向调节税、城市维护建设税、房产税、契税、印花税等。中央地方共享税包括：增值税、证券交易印花税等。从2002年起，企业所得税、个人所得税调整为中央地方共享税。国家税务总局负责中央税和共享税的征收管理，地方税务局负责地方税的征收管理。

3. 按照税负能否转嫁分类

按照税负能否转嫁，税收可分为直接税和间接税。直接税是指税负不能转嫁的税，如各类所得税；间接税则是指纳税人可以通过价格等方式转嫁税负的税，如流转税。

4. 按照计税依据分类

按照计税依据，税收可分为从价税、从量税和复合税。以销售额、收入额等为计税依据的税是从价税，如增值税、所得税等。以征税对象的数量为计税依据的税是从量税，如资源税、城镇土地使用税、车船税等。以征税对象的金额和数量征税的是复合税，如对卷烟和白酒征收消费税。

5. 按照税收的形态为标准分类

按税收的形态为标准，税收可分为实物税和货币税。实物税是指纳税人以各种实物充当税款缴纳的一类税。货币税是指纳税人以货币形式缴纳的一类税。在现代社会里，几乎所有的税都是货币税。

二、税法概述

（一）税法的概念

税法是调整国家征税机关与纳税人之间税收征纳关系的法律规范的总称。法治国家里，税收制度应当通过税收立法加以确立，并按照法定程序依法征纳得以实施。税法的作用主要表现在：税法是国家征税机关向纳税人无偿征收税款、积累资金的法律依据；税法是调整征纳双方权利义务关系的准则；税法是国家经济政策、产业政策等得以实现的保障；税法是维护国内外贸易秩序、打击走私及其他违法犯罪行为的重要手段。

（二）税法的构成

税法的构成一般包括：纳税人、征税对象、税目、税率、纳税环节、纳税期限、减税免税和违章处理等基本要素。

1. 纳税人

纳税人，又称纳税主体或者课税主体，是指税法规定的直接负有纳税义务的单位和个人。法人、非法人组织和自然人，都可以是税法的纳税人。在不同的税种里，纳税人各不相同，具体的纳税人，由各个税种直接确定。

纳税人是向国家交纳税款的人，但它并不一定就是税负的实际承担者，即负税人。纳税人与负税人有时是一致的，有时是不一致的。当纳税人所缴纳的税款是由自己负担时，纳税人同时为负税人。例如，个人所得税等直接税。当纳税人通过一定的方法将所纳税款转嫁给他人时，纳税人就不是负税人。例如，消费税等间接税。

与纳税人一样，扣缴义务人也是税法结构不可或缺的部分。扣缴义务人，是指根据税法的规定，负有代扣代缴、代收代缴税款义务的单位和个人。代扣代缴，是指扣缴义务人从持有的纳税人收入中扣除其应纳税的税款并代为缴纳的行为；代收代缴则是指扣缴义务人借助经济往来的关系向纳税人收取应纳税款并代为缴纳的行为。税法对扣缴义务人的确定，是为了便于控制税源，简化征税手续，减少税款流失。

2. 征税对象

征税对象，是指税法规定的征税标的，即税收法律关系的客体。税法对征税对象的确定，是解决对什么征税的问题。不同的税种有不同的征税对象，它是一个税种区别于另一税种的主要标志。例如，增值税是对销售货物或者提供加工、修理修配劳务，以及进口货物征税；企业所得税是对企业的生产、经营所得和其他所得征税；营业税则是对提供劳务、转让无形资产或者销售不动产征税。

国家为了实现其政治经济的职能，可以根据客观的经济状况选择多种多样的征税对象。凡列入征税对象范围的就应对其征税，未列入征税对象范围的则不应对其征税。按照征税对象的不同，我国的税种分为流转税、所得税、资源税、财产税和行为税五大类。但是，征税对象的选择与确定，并非不受限制的任意作为。为保证国家的财政收入，应当确定经常而普遍存在的经济活动及其成果作为征税对象；为了有利于对经济的宏观调控，征税对象的确定，必须具有广泛性和多样化，不能太单一；从税制建设的角度看，对征税对象的确定，又不能太繁杂，要注意适当简化。因此，确定征税对象时，应当遵循有利于保证国家财政收入，有利于对经济的宏观调控和有利于税制简化的原则。

3. 税目

税目是对征税对象的具体化。它是税法规定的同一征税对象范围内的具体项目，体现了征税对象的广度。设立税目，一方面是征税技术上的需要，以明确征与不征的界线规定，便于征税；另一方面又是贯彻政策的需要，按不同的负担能力设立税目，对不同的税目制定不同的税率，便于国家贯彻区别对待、合理负担的政策。

确定税目的基本方法，一是列举法，二是概括法。列举法是采用一一列举的方法规定税目，必要时还可在税目下划分若干个细目，凡列举的才征税，不列举的则不征税。概括法则是按商品的大类或者行业采用概括的方法规定税目。

4. 税率

税率是税额与征税对象的比率。在征税对象一定时，税额与税负的大小就取决于税率水平的高低。因此，税率是税收政策和税收制度的中心环节，它体现了征税的深度。税率有定额税率、比例税率和累进税率三种。

定额税率是按照单位征税对象直接规定一个固定税额，是一种以绝对量形式表示的税率，而不是采用百分比的形式。我国目前采取定额税率的有城镇土地使用税和车船税等。

比例税率是对征税对象规定的征税比率，不分征税对象数额的大小，只适用于规定的一个比率。我国的增值税、城市建设维护税、企业所得税等采用的是这种税率。

累进税率是按征税对象数额的大小规定不同等级的税率。征税对象数额越大，税率越高。它一般适用于所得税。累进税率又可分为全额累进税率和超额累进税率。全额累进税率，是指以征税对象的全部数额为基础计征税款的累进税率，征税对象的全部数额都按照同一个税率来计征税款；超额累进税率，是指分别以征税对象数额超过前级的部分为基础计算应纳税额的累进税率。实行超额累进税率，对计税的不同级次规定不同的税率。在计算应纳税额时，把各级次的税额加起来，即等于全部应纳税额。

5. 纳税环节

纳税环节，是指税法规定的，商品从生产、批发、销售到消费的运转过程中应当纳税的环节，即在哪个环节征税、征几道税的问题。根据税法规定的纳税环节次数，对商品的征税可分为一次征税、两次征税和多次征税。

6. 纳税期限

纳税期限，是指税法规定的应当缴纳税款的时间界线。每一个税种的纳税期限都不尽相同。各个税种的纳税期限规定在相应的税法中。

7. 减税免税

减税，是指税法规定的对应纳税额少征一部分。免税，是指税法规定的对应纳税额的全部免征。

起征点，是指税法规定的征税对象的数额达到一定数量就开始征税的界限。征税对象的数额未达到起征点的不征税，达到或者超过起征点的，按全部数额征税。

免征额是税法规定的在征税对象全部数额中免予征税的数额，它是按照一定标准从征税对象总额中预先扣除的数额。免征额部分不征税，只对超过免征税的部分征税。

减税免税必须在税法规定的范围内按照一定程序和税收管理权限来确定。违反税法规定或者超出管理权限随意减免税收的行为是绝对不允许的，是无效的。

8. 罚则

罚则是对纳税人违反税法的行为所作出的处罚规定。纳税人的违法行为主要有偷税、漏税、欠税、骗税和抗税以及其他违反税务登记、税务检查等方面的行为。针对纳税人违法行为的性质、程度的不同，我国税法规定了不同的处理方式。

三、税收法律关系

税收法律关系，是指税务机关和纳税人之间发生的符合税法规范的具有权利和义务内容的社会关系。它是国家参与社会产品和国民收入分配的税收征纳关系在法律上的体现。与其他法律关系一样，税收法律关系同样由主体、内容和客体三个要素构成。

（一）征税主体和纳税主体

税收法律关系的主体包括征税主体和纳税主体两个方面。征税主体是国家，具体行使职能的是国家和地方各级税务机关以及其他征税机关，其权利主要表现在征税上。纳税主体是税法确定的履行纳税义务的人，它是税收法律关系中依法承担纳税义务的主体，其义务主要是依法向国家交纳税款。

（二）税法客体

税法客体是税收法律关系主体之间的权利和义务所共同指向的对象或者目标，是税收法律关系的重要组成部分。税收的分配属性，决定了税收分配的对象必然是某种物或者货币价值，它可以表现为直接的物，也可以表现为依托于物的某种行为，如印花税、证券交易税等。但不论是物还是某种行为，都需要税法予以事先规定，否则就不能成为税收分配的对象。因此，税收分配的对象只有通过税法规范后才能成为税法的客体。

（三）征纳双方的权利和义务

1. 税务机关的权利和义务

根据税收征管法的规定，各级税务机关享有以下权利：税款征收权、税收减免权、税务检查权、税务处罚权、税务行政复议裁决权、税收保全权、强制执行权、委托代征权、核定税额权以及账簿凭证管理等方面的权利。税务机关应当履行的义务有：对于纳税人提供给税务机关用于税务征管目的的一切信息资料，有保密的义务；有正确执法的义务；有进行行政复议的义务；对因执法不当给纳税人造成的损失，有赔偿的义务；同时税务机关还承担着宣传、解释税法，以及回答和处理纳税人咨询的义务。

2. 纳税人的权利和义务

在税收法律关系中，纳税人和税务机关总是处于不对等的地位，因而承担着较多的义务，具体表现在：依法办理税务登记的义务，接受账簿、凭证管理的义务，纳税申报的义务，接受并配合税务机关检查的义务，及时提供信息的义务，按时纳税的义务。纳税人在履行义务的同时，也享有一定的权利：有权知道被征税的具体情况；对超过征税额的部分，有权拒绝缴纳；有权向税务机关进行税务咨询并要求解释，有依法申请税务减免的权利；在发生税务争议时，有申请税务行政复议和提起行政诉讼的权利；对徇私舞弊的税务人员，有依法控告的权利；等等。

第五节　证券法

一、证券法概述

（一）证券与证券市场

1. 证券的概念与特征

证券是证明特定经济权利的凭证。从非证券法意义上来讲，证券有广义和狭义之分。广义的证券既包括有价证券，也包括无价证券。其中有价证券是指设定并证明持券人享有直接取得一定财产权利的书面凭证，包括资本证券、货币证券和商品证券。资本证券是证明持有人享有所有权或债权的书面凭证，如股票、债券等；货币证券是证明持券人享有货币请求权的书面凭证，如汇票、本票、支票等；商品证券是证明持券人享有商品请求权的书面凭证，如提货单、货运单等。无价证券又称为凭证证券，是指在特定历史条件下，政府分配供应特定商品使用的代表分配限额的凭证，如我国在计划经济时期使用的粮票、油票和布票等。无价证券本身不具有财产或资金性质，也不能流通。

我国证券法上所称的证券是指狭义的证券，即资本证券，包括股票、公司债券和国务院依法认定的其他证券。其中，国务院依法认定的其他证券指政府债券、证券投资基金份额等。政府债券、证券投资基金份额的上市交易，适用本法；其发行等方面由其他法律、行政法规另行规定。

证券具有以下几个方面特征：

（1）证券是一种投资凭证。投资者通过取得证券以作为其履行投资义务的证明。

（2）证券是一种权益凭证。证券代表投资者所享有的一定的权利，如股票体现的是股权，债券则代表着债权。

（3）证券是一种可转让的凭证。证券持有者可以通过证券市场的证券交易来转让自己所持有的证券。

2. 证券市场的概念和分类

证券市场是指证券发行与交易的场所。证券市场的参与主体包括证券发行人、投资者、中介机构、交易场所以及自律性组织和监管机构等；证券市场的经营对象包括股票、公司债券、投资基金以及金融衍生品等。

证券市场分为发行市场和流通市场：

（1）证券发行市场又称一级市场，是发行新证券的市场，证券发行人通过证券发行市场将已获准公开发行的证券第一次销售给投资者，以筹集所需的经营资金。

（2）证券流通市场又称二级市场，是对已发行的证券进行流通转让的交易场所。投资者在一级市场取得的证券可以在二级市场进行交易。

（二）我国证券法的立法概况

证券法是调整证券发行、交易及监管活动过程中所发生的社会关系的法律规范。

狭义的证券法指《中华人民共和国证券法》（以下简称《证券法》）。该法于1998年12月29日由第九届全国人民代表大会常务委员会第六次会议通过并于1999年7月1日起实施，2005年10月27日第十届全国人民代表大会常务委员会第十八次会议修订通过了新《证券法》，并于2006年1月1日起施行。

广义的证券法还包括《公司法》等其他法律中有关证券的规定以及国务院颁发的有关证券管理的行政法规、证券管理部门发布的部门规章等，如《证券公司监督管理条例》《上市公司证券发行管理办法》《证券发行与承销管理办法》《上市公司信息披露管理办法》《上市公司收购管理办法》等。

（三）证券法的基本原则

我国证券法规定，在证券发行、证券交易和证券监管中必须遵循如下原则。

（1）公开、公平、公正原则

公开原则是指有关证券发行、交易的信息要公开，以便投资者在充分了解真实情况的基础上自行作出投资决策。公开的信息必须真实、准确、完整，不得有虚假记载、误导性陈述或重大遗漏。公开的形式包括将有关信息在报纸、刊物或网络上向社会公告；将有关资料置备于有关场所，供公众随时查阅等。

公平原则是指所有证券市场参与者都具有平等的地位，其合法权益都应受到公平的保护。贯彻公平原则的基本要求是，投资者能够公平地参与竞争、面对市场机会和风险。

公正原则是指证券的发行、交易活动要执行统一的规则，对所有证券市场参与者都要予以公正的对待。贯彻公正原则的基本要求是，证券市场参与者的合法权益受法律保护，违法行为同样受法律制裁。

（2）自愿、有偿、诚实信用原则

自愿原则，是指当事人有权按照自己的意愿参与证券发行与证券交易活动，任何机构、组织或个人都不得非法干预，任何一方都不得把自己的意志强加给对方。

有偿原则，是指证券发行和交易活动应当按一定的市场价格进行，一方当事人不得无偿占有他方当事人的证券和资金。

诚实信用原则，是指证券发行和交易的各方当事人应当自觉遵守社会公德，履行义务要客观真实、信守承诺。

（3）守法原则

证券的发行、交易活动，必须遵守法律、行政法规；禁止欺诈、内幕交易和操纵证券市场的行为。

（4）保护投资者的合法权益原则

保护投资者的合法权益是证券法的立法宗旨之一，也是证券监管的首要目标。

（5）证券业与其他金融业分业经营、分业管理原则

证券业和银行业、信托业、保险业分业经营、分业管理。证券公司与银行、信托、保险业务机构分别设立。国家另有规定的除外。

（6）政府统一监管与行业自律相结合原则

国务院证券监督管理机构依法对全国证券市场实行集中统一监督管理。国务院证券监督管理机构根据需要可以设立派出机构，按照授权履行监督管理职责。国家审计机关对证券交易所、证券公司、证券登记结算机构、证券监督管理机构依法进行审计监督。在国家对证券发行、交易活动实行集中统一监督管理的前提下，依法设立证券业协会，实行自律性管理。

二、证券发行

（一）证券发行概述

1. 证券发行的概念

证券发行有广义和狭义之分。广义的证券发行，是指符合发行条件的政府、金融机构、工商企业等组织，以筹集资金为目的，依照法律规定的程序向公众投资者出售代表一定权利的资本证券的行为。狭义的证券发行，是指发行人在所需资金募集后，做成证券并交付投资人受领的单方行为。通常所说的证券发行，是指广义的证券发行。证券发行本质上是一种直接融资方式，与通过银行等金融机构进行的间接融资方式相对应。

2. 证券发行的分类

根据不同的标准，证券发行可以分为不同的类型：

（1）公开发行和非公开发行。根据证券发行的对象不同，证券发行可以分为公开发行和非公开发行。公开发行又称公募发行，是指发行人面向社会公众，即不特定的公众投资者进行的证券发行。公开发行必须严格遵循《证券法》有关信息披露的规定。非公开发行又称私募发行，是指向少数特定的投资者进行的证券发行。有下列情形之一的，为公开发行：①向不特定对象发行证券；②向累计超过200人的特定对象发行证券；③法律、行政法规规定的其他发行行为。非公开发行证券，不得采用广告、公开劝诱和变相公开方式。

（2）设立发行和增资发行。根据证券发行的目的不同，证券发行可以分为设立发行和增资发行。设立发行是为成立新的股份有限公司而发行股票；增资发行是为增加已有公司的资本总额或改变其股本结构而发行新股。增发新股，既可以公开发行，也可以采取配股或赠股的形式。

（3）直接发行和间接发行。根据证券发行的方式不同，证券发行可以分为直接发行和间接发行。直接发行是指证券发行人不通过证券承销机构，而自行承担证券发行风险，办理证券发行事宜的发行方式。间接发行是指证券发行人委托证券承销机构发行证券，并由证券承销机构办理证券发行事宜，承担证券发行风险的发行方式。

（4）平价发行、溢价发行和折价发行。根据证券发行价格与证券票面金额之间的关系，证券发行可以分为平价发行、溢价发行和折价发行。平价发行，又称面值发行或等价发行，是指证券发行时的发行价格与票面金额相同的发行方式。

溢价发行，是指证券发行时的发行价格超过票面金额的发行方式。折价发行，又称贴现发行，是指证券发行时的发行价格低于票面金额的发行方式。我国《公司法》规定："股票发行价格可以按票面金额，也可以超过票面金额，但不得低于票面金额。"可见，我国允许股票平价发行、溢价发行，但禁止折价发行，以保障公司资本的充足。《证券法》还规定："股票发行采取溢价发行的，其发行价格由发行人与承销的证券公司协商确定。"

（二）股票发行的条件

1. 首次公开发行股票的条件

设立股份有限公司公开发行股票（以下简称"首次公开发行股票"），应当符合《证券法》《公司法》规定的发行条件和经国务院批准的国务院证券监督管理机构规定的其他发行条件，包括中国证监会《首次公开发行股票并上市管理办法》（2016）等规定的发行条件。这些条件如下：

（1）发行人应当是依法设立且合法存续的股份有限公司。该股份有限公司应自成立后，持续经营时间在3年以上。经国务院批准，有限责任公司在依法变更为股份有限公司时，可以采取募集设立方式公开发行股票。

（2）发行人已经依法建立健全股东大会、董事会、监事会、独立董事、董事会秘书制度，相关机构和人员能够依法履行职责。

（3）发行人资产质量良好，资产负债结构合理，盈利能力较强，现金流量正常。

2. 上市公司公开发行新股的条件

上市公司公开发行新股，应当符合《证券法》《公司法》规定的发行条件和经国务院批准的国务院证券监督管理机构规定的其他发行条件，包括中国证监会《上市公司证券发行管理办法》等规定的发行条件。

（1）《证券法》规定的上市公司公开发行新股的条件。其包括：①具备健全且运行良好的组织机构；②具有持续盈利能力，财务状况良好；③最近3年财政会计文件无虚假记载，无其他重大违法行为；④经国务院批准的国务院证券监督管理机构规定的其他条件。

上市公司非公开发行新股，应当符合经国务院批准的国务院证券监督管理机构规定的条件，并报国务院证券监督管理机构核准。

公司公开发行新股，应当向国务院证券监督管理机构报送募股申请和下列文件：公司营业执照；公司章程；股东大会决议；招股说明书；财务会计报告；请保荐人的，还应当报送保荐人出具的发行保荐书。

此外，《上市公司证券发行管理办法》规定的公开发行证券的条件如下：①上市公司的组织机构健全、运行良好。②上市公司的盈利能力具有可持续性。③上市公司的财务状况良好。④上市公司最近 36 个月内财务会计文件无虚假记载，且不存在重大违法行为。⑤上市公司募集资金的数额和使用应当符合规定。⑥上市公司不存在不得公开发行证券的情形。

（2）上市公司配股的条件。向原股东配售股份（简称"配股"），除符合上述公开发行证券的条件外，还应当符合下列条件：①拟配售股份数量不超过本次配售股份前股本总额的 30%；②控股股东应当在股东大会召开前公开承诺认配股份的数量；③采用证券法规定的代销方式发行。控股股东不履行认配股份的承诺，或者代销期限届满，原股东认购股票的数量未达到拟配售数量 70% 的，发行人应当按照发行价并加算银行同期存款利息返还已经认购的股东。

（3）上市公司增发的条件。向不特定对象公开募集股份（简称"增发"），除符合上述公开发行证券的条件外，还应适合下列条件：①最近 3 个会计年度加权平均净资产收益率平均不低于 6%。扣除经常性损益后的净利润与扣除前的净利润相比，以低者作为加权平均净资产收益率的计算依据。②除金融类企业外，最近一期末不存在持有金额较人的交易性金融资产和可供出售的金融资产、借予他人款项、委托理财等财务性投资的情形。③发行价格应不低于公告招股意向书前 20 个交易日公司股票均价或前 1 个交易日的均价。

3. 上市公司非公开发行股票的条件

（1）特定对象条件。《上市公可证券发行管理办法》规定，非公开发行股票的特定对象应当符合下列规定：①特定对象符合股东大会决议规定的条件；②发行对象不超过 10 名。发行对象为境外战略投资者的，应当经国务院相关部门事先批准。

（2）上市公司条件。上市公司非公开发行股票，应当符合下列规定：①发行价格不低于定价基准日前 20 个交易日公司股票均价的 90%；②本次发行的股份自发行结束之日起，12 个月内不得转让；控股股东、实际控制人及其控制的企业认购的股份，36 个月内不得转让；③募集资金使用符合法律规定；④本次发行将导致上市公司控制权发生变化的，还应当符合中国证监会的其他规定。

4.上市公司不得非公开发行股票的情形

上市公司存在下列情形之一的，不得非公开发行股票：

（1）本次发行申请文件有虚假记载、误导性陈述或重大遗漏。

（2）上市公司的权益被控股股东或实际控制人严重损害且尚未消除。

（3）上市公司及其附属公司违规对外提供担保且尚未解除。

（4）现任董事、高级管理人员最近36个月内受到过中国证监会的行政处罚，或者最近12个月内受到过证券交易所公开谴责。

（5）上市公司或其现任董事、高级管理人员因涉嫌犯罪正被司法机关立案侦查或涉嫌违法违规正被中国证监会立案调查。

（6）最近1年及1期财务报表被注册会计师出具保留意见、否定意见或无法表示意见的审计报告。保留意见、否定意见或无法表示意见所涉及事项的重大影响已经消除或者本次发行涉及重大重组的除外。

（7）严重损害投资者合法权益和社会公共利益的其他情形。

（三）公司债券的发行

1.公司债券的发行条件

发行公司债券，应当符合下列条件：（1）股份有限公司的净资产不低于3000万元人民币，有限责任公司的净资产不低于6000万元人民币。（2）累计债券余额不超过公司净资产的40%。（3）最近3年平均可分配利润足以支付公司债券1年的利息。（4）筹集的资金投向符合国家产业政策。（5）债券的利率不超过国务院限定的利率水平。（6）国务院规定的其他条件。

公开发行公司债券募集的资金，必须用于核准的用途，不得用于弥补亏损和非生产性支出。上市公司发行可转换为股票的公司债券，除应当符合证券法规定的公开发行公司债券的条件外，还应当符合证券法关于公开发行股票的条件，并报国务院证券监督管理机构核准。

申请公开发行公司债券，应当向国务院授权的部门或者国务院证券监督管理机构报送下列文件：公司营业执照；公司章程；公司债券募集办法；资产评估报告和验资报告；国务院授权的部门或者国务院证券监督管理机构规定的其他文件。依照《证券法》规定聘请保荐人的，还应当报送保荐人出具的发行保荐书。

2.再次发行公司债券的限制性规定

有下列情形之一的，不得再次公开发行公司债券：（1）前一次公开发行的公司债券尚未募足。（2）对已公开发行的公司债券或者其他债务有违约或者延迟支付本息的事实，仍处于继续状态。（3）违反《证券法》规定，改变公开发行公司债券所募资金的用途。

（四）证券投资基金的发行

1.证券投资基金的概念

证券投资基金是指通过公开或者非公开方式募集投资者资金，由基金管理人管理，基金托管人托管，从事股票、债券等金融工具组合方式进行的一种利益共享、风险共担的集合证券投资方式。证券投资基金，依照其运作方式不同，可以分为封闭式基金和开放式基金。

（1）封闭式基金是指基金份额总额在基金合同期限内固定不变，基金份额持有人不得申请赎回的基金。

（2）开放式基金是指基金份额总额不固定，基金份额可以在基金合同约定的时间和场所申购或者赎回的基金。

2.公开募集基金

（1）公开募集基金，应当经国务院证券监督管理机构注册。未经注册，不得公开或者变相公开募集基金。注册公开募集基金，由拟任基金管理人向国务院证券监督管理机构提出申请，并提交规定文件。国务院证券监督管理机构应当自受理公开募集基金的募集注册申请之日起6个月内进行审查，作出注册或者不予注册的决定，并通知申请人；不予注册的，应当说明理由。

（2）基金募集申请经注册后，方可发售基金份额。基金份额的发售，由基金管理人或者其委托的基金销售机构办理。基金管理人应当在基金份额发售的3日前公布招募说明书、基金合同及其他有关文件。基金管理人应当自收到准予注册文件之日起6个月内进行基金募集。超过6个月开始募集，原注册的事项未发生实质性变化的，应当报国务院证券监督管理机构备案；发生实质性变化的，应当向国务院证券监督管理机构重新提交注册申请。

（3）基金募集不得超过国务院证券监督管理机构准予注册的基金募集期限。基金募集期限自基金份额发售之日起计算。基金募集期限届满，封闭式基金募集的基金份额总额达到准予注册规模的80%以上，开放式基金募集的基金份额总额超过准予注册的最低募集份额总额，并且基金份额持有人人数符合国务院证券监督管理机构规定的，基金管理人应当自募集期限届满之日起10日内聘请法定验资机构验资，自收到验资报告之日起 10 日内，向国务院证券监督管理机构提交验资报告，办理基金备案手续，并予以公告。

3. 非公开募集基金

非公开募集基金应当向合格投资者募集，合格投资者累计不得超过 200 人。合格投资者是指达到规定资产规模或者收入水平，并且具备相应的风险识别能力和风险承担能力，其基金份额认购金额不低于规定限额的单位和个人。合格投资者的具体标准由国务院证券监督管理机构规定。非公开募集基金，不得向合格投资者之外的单位和个人募集资金，不得通过报刊、电台、电视台、互联网等公众传播媒体或者讲座、报告会、分析会等方式向不特定对象宣传推介。

除基金合同另有约定外，非公开募集基金应当由基金托管人托管。担任非公开募集基金的基金管理人，应当按照规定向基金行业协会履行登记手续，报送基本情况。

按照基金合同约定，非公开募集基金可以由部分基金份额持有人作为基金管理人负责基金的投资管理活动，并在基金财产不足以清偿其债务时对基金财产的债务承担无限连带责任。

（五）证券发行的程序

由于证券发行种类、发行方式的不同，各类证券的发行程序不尽一致。依据《证券法》《首次公开发行股票并上市管理办法》《上市公司证券发行管理办法》等规定，证券发行大体有以下步骤。

1. 作出发行决议

发行人发行证券一般先由其董事会就有关发行事项作出决议，并提请股东大会批准。

2. 提出发行申请

发行人应按照规定制作和报送证券发行申请文件。其发行证券属于保荐范围依法应予保荐的，应由保荐人保荐并向中国证监会申报；属于特定行业的，发行人还应提供管理部门的批准文件或相关意见。发行人向国务院证券监督管理机构或国务院授权的部门报送的证券发行申请文件，必须真实、准确、完整。为证券发行出具有关文件的证券服务机构和人员，必须严格履行法定职责，保证其所出具文件的真实性、准确性和完整性。

如果发行人申请首次公开发行股票，在提交申请文件后，还应按国务院证券监督管理机构的规定预先披露有关申请文件，以此提高发行审核的透明度，拓宽社会监督渠道，防范发行人采取虚假欺骗手段骗取发行上市资格，提高上市公司的质量。

3. 依法核准申请

《证券法》规定，公开发行证券，必须符合法律、行政法规规定的条件，并依法报经国务院证券监督管理机构或者国务院授权的部门核准；未经依法核准，任何单位和个人不得公开发行证券。

国务院证券监督管理机构或者国务院授权的部门应当自受理证券发行申请文件起 3 个月内，依法作出予以核准或不予核准的决定，发行人根据要求补充、修改发行申请文件的时间不计算在内；不予核准的，应说明理由。

4. 公开发行信息

证券发行申请经核准后，发行人应当依照法律、行政法规的规定，在证券公开发行前，公告公开发行募集文件，并将该文件置备于指定场所供公众查阅。发行证券的信息依法公开前，任何知情人不得公开或者泄露该信息。发行人不得在公告公开发行募集文件前发行证券。

5. 撤销核准决定

国务院证券监督管理机构或国务院授权的部门对已作出的核准证券发行的决定，发现不符合法定条件或法定程序，尚未发行证券的，应当予以撤销，停止发行。已经发行尚未上市的，撤销发行核准决定，发行人应按发行价并加算银行同期存款利息返还证券持有人；保荐人应当与发行人承担连带责任，但是能够证明自己没有过错的除外；发行人的控股股东、实际控制人有过错的，应当与发行人承担连带责任。

（1）当事人的名称、住所及法定代表人姓名。

（2）代销、包销证券的种类、数量、金额及发行价格。

（3）代销、包销的期限及起止日期。

（4）代销、包销的付款方式及日期。

（5）代销、包销的费用和结算方式。

（6）违约责任。

（7）国务院证券监督管理机构规定的其他事项。

公开发行证券的发行人有权依法自主选择承销的证券公司。证券公司不得以不正当竞争手段招揽证券承销业务。证券公司承销证券，应当对公开发行募集文件的真实性、准确性和完整性进行核查；发现含有虚假记载、误导性陈述或者重大遗漏的，不得进行销售活动；已经销售的，必须立即停止销售活动，并采取纠正措施。

向不特定对象公开发行的证券票面总值超过 5000 万元人民币的，应当由承销团承销。承销团应当由主承销和参与承销的证券公司组成。证券的代销、包销期限最长不得超过 90 日。证券公司在代销、包销期内，对所代销、包销的证券应当保证先行出售给认购人，证券公司不得为本公司预留所代销的证券和预先购入并留存所包销的证券。

股票发行采用代销方式，代销期限届满，向投资者出售的股票数量未达到拟公开发行股票数量 70% 的，为发行失败。发行人应当按照发行价并加算银行同期存款利息返还股票认购人。

6. 备案

证券公司实施承销前，应当向中国证监会报送发行与承销方案。

公开发行股票，代销、包销期限届满，发行人应当在规定的期限内将股票发行情况报国务院证券监督管理机构备案。

三、证券交易

（一）股票交易

1. 股票交易的一般规则

（1）交易主体及期限规则

依法发行的股票可以自由交易。但特定主体持有的股票，交易受到以下限制：

①发起人以及公司董事、监事、高级管理人员进行股票交易应遵循公司法的规定。

②为股票发行出具审计报告、资产评估报告或者法律意见书等文件的证券服务机构和人员，在该股票承销期内和期满后 6 个月内，不得买卖该种股票。为上市公司出具审计报告、资产评估报告或者法律意见书等文件的证券服务机构和人员，自接受上市公司委托之日起至上述文件公开后 5 日内，不得买卖该种股票。

③上市公司董事、监事、高级管理人员、持有上市公司股份 5% 以上的股东，将其持有的该公司的股票在买入后 6 个月内卖出，或者在卖出后 6 个月内又买入，由此所得收益归该公司所有，公司董事会应当收回其所得收益。但是，证券公司

因包销购入售后剩余股票而持有 5% 以上股份的，卖出该股票不受 6 个月时间限制。公司董事会不按照上述规定执行的，股东有权要求董事会在 30 日内执行。公司董事会未在上述期限内执行的，股东有权为了公司的利益以自己的名义直接向人民法院提起诉讼，负有责任的董事依法承担连带责任。

④投资者持有或通过协议、其他安排与他人共同持有一个上市公司已发行的股份的 5% 时，应当在该事实发生之日起 3 日内，向证监会、证券交易所作出书面报告，通知该上市公司，并予公告；在上述期限内，不得再行买卖该上市公司的股票。投资者及其一致行动人拥有权益的股份达到一个上市公司已发行的股份的 5% 后，其所持该上市公司已发行的股份比例每增加或者减少 5%，应当依照前款规定进行报告和公告。在报告期限内和作出报告、公告后 2 日内，不得再行买卖该上市公司的股票。

⑤证券交易所、证券公司和证券登记结算机构的从业人员、证券监督管理机构的工作人员以及法律、行政法规规定禁止参与股票交易的其他人员，在任期或者法定限期内，不得直接或者以化名、借他人名义持有、买卖股票，也不得收受他人赠送的股票。任何人在成为上述人员时，其原已持有的股票，必须依法转让。

（2）交易场所规则

依法公开发行的股票、公司债券及其他证券，应当在依法设立的证券交易所上市交易或者在国务院批准的其他证券交易场所转让。我国目前有两个证券交易所，分别是上海证券交易所和深圳证券交易所。

（3）交易方式规则

股票交易有现货交易和期货交易两种方式。目前，我国证券法中的交易规则只涉及现货交易规则。

（4）交易服务规则

证券公司、证券交易所、证券登记结算机构等证券服务机构依法为证券交易提供服务，应当公开收费项目、收费标准，依法为客户开立的账户保密。

2. 股票上市交易

股票上市，是指经股票发行人申请和证券交易所审核，已公开发行的股票获准在证券交易所挂牌进行集中竞价交易。申请股票上市交易，应当聘请具有保荐资格的机构担任保荐人。证券交易所依法对于股票的上市交易、终止交易享有决定权。

股份有限公司申请股票上市，应当符合下列条件：（1）股票经国务院证券监督管理机构核准已公开发行;(2)公司股本总额不少于人民币3000万元;(3)公开发行的股份达到公司股份总数的25%以上,公司股本总额超过人民币4亿元的,公开发行股份的比例为10%以上;(4)公司最近3年无重大违法行为,财务会计报告无虚假记载。证券交易所可以规定更高的上市条件,并报国务院证券监督管理机构批准。

上市交易的证券,不再符合上市条件的,或者有上市规则规定的其他情形的,由证券交易所按照业务规则终止其上市交易。证券交易所决定终止证券上市交易的,应当及时公告,并报国务院证券监督管理机构备案。上市公司有下列情形之一的,由证券交易所决定终止其股票上市交易:(1)公司股本总额、股权分布等发生变化不再具备上市条件,在证券交易所规定的期限内仍不能达到上市条件;(2)公司不按照规定公开其财务状况,或者对财务会计报告作虚假记载,且拒绝纠正;(3)公司最近3年连续亏损,在其后1个年度内未能恢复盈利;(4)公司被解散或者被宣告破产;(5)证券交易所上市规则规定的其他情形。

(二)公司债券的交易

1.公司债券交易的一般规则

根据民法的一般规则,债权是可以转让的。公司债券,是债权的凭证,债券持有人是债权人,因此公司债券可以交易。

公司债券的交易,可以在证券交易所上市交易。公司债券上市交易须具备法定条件,并通过证券交易所审核。

2.公司债券的上市规则

(1)公司债券的上市条件

公司申请公司债券(含可转换公司债券)上市交易,应当符合下列条件:①公司债券的期限为1年以上;②公司债券实际发行额不少于人民币5000万元;③公司申请债券上市时仍符合法定的公司债券发行条件。

(2)公司债券的暂停上市和终止上市

公司债券上市交易后,公司有下列情形之一的,由证券交易所决定暂停其公司债券上市交易:①公司有重大违法行为;②公司情况发生重大变化不符合公司债券上市条件;③公司债券所募集资金不按照核准的用途使用;④未按照公司债券募集办法履行义务;⑤公司最近2年连续亏损。

公司有上述第①项、第②项所列情形之一经查实后果严重的,或者有上述第

②项、第③项、第⑤项所列情形之一，在限期内未能消除的，由证券交易所决定终止其公司债券上市交易。公司解散或者被宣告破产的，由证券交易所终止其公司债券上市交易。

四、信息公开制度

信息公开制度，又称信息披露制度，是证券发行人、上市公司及其他主体，按照法律规定的方式，将证券发行、交易及与之有关的重大信息予以公开的一种法律制度。信息公开制度包括证券发行的信息披露和持续信息公开。

所谓证券发行的信息披露，又称证券信息的初次公开，是指证券公开发行时对发行人、拟发行的证券以及与发行证券有关的信息进行披露。该类信息披露文件主要有招股说明书、募集说明书、上市公告书等。

所谓持续信息公开，是指证券上市交易过程中发行人、上市公司对证券上市交易及与证券交易有关的信息要进行持续披露。该类信息披露文件主要有上市公司定期报告（包括中期报告和年度报告）和上市公司临时报告（即重大事件公告）。

上市公司及其他信息披露义务人依法披露信息，应当将公告文稿和相关备查文件报送证券交易所登记，并在中国证监会指定的媒体发布。上市公司在非公开发行新股后，应当依法披露发行情况报告书。

（一）证券发行的信息披露

（1）证券发行人向国务院证券监督管理机构或国务院授权的部门报送的证券发行申请文件以及公开披露或提供的信息，必须真实、及时、准确、完整。不得有虚假记载、误导性陈述或重大遗漏。

（2）发行人应当按照中国证监会的有关规定编制和披露招股说明书。凡是对投资者作出投资决策有重大影响的信息，均应当予以披露，并保证招股说明书的内容真实、准确和完整。

（3）保荐人应当对招股说明书的真实性、准确性和完整性进行核查，并对其负责。

（4）证券公司承销证券，应当对公开发行募集文件的真实性、准确性和完整性进行核查；发现有虚假记载、误导性陈述或重大遗漏的，不得进行销售活动；已经销售的，必须立即停止销售活动，并采取纠正措施。

（5）为证券发行出具有关文件的证券服务机构和人员，应当按照本行业公认的业务标准和道德规范，严格履行法定职责，并对其所出具文件的真实性、准确性和完整性负责。

（6）上市公司在非公开发行新股后，应当依法披露发行情况报告书。

（二）定期报告

定期报告是上市公司和公司债券上市交易的公司进行持续信息披露的主要形式之一，包括季度报告、半年度报告和年度报告。凡是对投资者作出投资决策有重大影响的信息，均应当披露。

1. 季度报告

上市公司应当在会计年度前 3 个月、9 个月结束后的一个月内编制季度报告。季度报告应当记载以下内容：（1）公司基本情况。（2）主要会计数据和财务指标。（3）中国证监会规定的其他事项。

2. 中期报告

中期报告实际上仅指半年报。上市公司或公司债券上市交易的公司，应当在每一会计年度的上半年结束之日起 2 个月内，向国务院证券监督管理机构和证券交易所报送记载以下内容的中期报告，并予公告：（1）公司财务会计报告和经营情况。（2）涉及公司的重大诉讼事项。（3）已发行的股票、公司债券变动情况。（4）提交股东大会审议的重要事项。（5）国务院证券监督管理机构规定的其他事项。

3. 年度报告

上市公司和公司债券上市交易的公司，应当在每一会计年度结束之日起 4 个月内，向国务院证券监督管理机构和证券交易所报送记载以下内容的年度报告，并予公告：（1）公司概况。（2）公司财务会计报告和经营情况。（3）董事、监事、高级管理人员简介及其持股情况。（4）已发行的股票、公司债券情况，包括持有公司股份最多的前 10 名股东名单和持股数额。（5）公司的实际控制人。（6）国务院证券监督管理机构规定的其他事项。

（三）临时报告

发生可能对上市公司股票交易价格产生较大影响的重大事件，投资者尚未得知时，上市公司应当立即将有关该重大事件的情况向国务院证券监督管理机构和证券交易所报送临时报告，并予公告，说明事件的起因、目前的状态和可能产生的法律后果。

下列情况为应当报送临时报告的重大事件：（1）公司的经营方针和经营范围的重大变化。（2）公司的重大投资行为和重大的购置财产的决定。（3）公司订立重要合同，可能对公司的资产、负债、权益和经营成果产生重要影响。（4）公司发生重大债务和未能清偿到期重大债务的违约情况。（5）公司发生重大亏损或重大损失。（6）公司生产经营的外部条件发生重大变化。（7）公司的董事、1/3以上监事或经理发生变动。（8）持有公司5%以上股份的股东或实际控制人，其持有股份或控制公司的情况发生较大变化。（9）公司减资、合并、分立、解散及申请破产的决定。（10）涉及公司的重大诉讼，股东大会、董事会决议被依法撤销或宣告无效。（11）公司涉嫌犯罪被司法机关立案调查，公司董事、监事、高级管理人员涉嫌犯罪被司法机关采取强制措施。（12）国务院证券监督管理机构规定的其他事项。

（四）信息的发布与监督

（1）上市公司董事、高级管理人员应当对公司定期报告签署书面确认意见。上市公司监事会应当对董事会编制的公司定期报告进行审核并提出书面审核意见。上市公司董事、监事、高级管理人员应当保证上市公司所披露信息的真实、准确和完整。

（2）发行人、上市公司披露的信息有虚假记载、误导性陈述或重大遗漏，致使投资者在证券交易中遭受损失的，发行人、上市公司应当承担赔偿责任；发行人、上市公司的董事、监事、高级管理人员和其他直接责任人员以及保荐人、承销的证券公司，应当与发行人、上市公司承担连带赔偿责任，但是能够证明自己没有过错的除外；发行人、上市公司的控股股东、实际控制人有过错的，应当与发行人、上市公司承担连带赔偿责任。

（3）国务院证券监督管理机构对上市公司年度报告、中期报告、临时报告以及公告的情况进行监督，对上市公司分派或配售新股的情况进行监督，对上市公司控股股东及其他信息披露义务人的行为进行监督。证券监督管理机构、证券交易所、保荐人、承销的证券公司及有关人员，对公司依照法律、行政法规规定必须作出的公告，在公告前不得泄露其内容。

（4）证券交易所决定暂停或终止证券上市交易的，应当及时公告，并报国务院证券监督管理机构备案。

五、上市公司收购

（一）上市公司收购概述

1. 上市公司收购的概念

上市公司收购是指收购人通过在证券交易所的股份转让活动，持有一个上市公司的股份达到一定比例或通过证券交易所股份转让活动以外的其他合法方式控制一个上市公司的股份达到一定程度，导致其获得或者可能获得对该公司的实际控制权的行为。

上市公司收购的投资者的目的在于获得对上市公司的实际控制权，不以达到对上市公司实际控制权而受让上市公司股票的行为，不能称为收购。这里所指的实际控制权是指：（1）投资者为上市公司持股 50% 以上的控股股东；（2）投资者可以实际支配上市公司股份表决权超过 30%；（3）投资者通过实际支配上市公司股份表决权能够决定公司董事会半数以上成员选任；（4）投资者依其可实际支配的上市公司股份表决权足以对公司股东大会的决议产生重大影响；（5）中国证监会认定的其他情形。收购人可以通过取得股份的方式成为一个上市公司的控股股东，或通过投资关系、协议和其他安排的途径成为一个上市公司的实际控制人，也可以同时采取上述方式和途径取得上市公司控制权。

2. 上市公司收购人

上市公司收购人包括投资者及与其一致行动的他人。在上市公司的收购及相关股份权益变动活动中有一致行动情形的投资者，互为一致行动人。如果没有相反证据，投资者有下列情形之一的，为一致行动人：（1）投资者之间有股权控制关系；（2）投资者受同一主体控制；（3）投资者的董事、监事或者高级管理人员中的主要成员，同时在另一个投资者担任董事、监事或者高级管理人员；（4）投资者参股另一投资者，可以对参股公司的重大决策产生重大影响；（5）银行以外的其他法人、其他组织和自然人为投资者取得相关股份提供融资安排；（6）投资者之间存在合伙、合作、联营等其他经济利益关系；（7）持有投资者 30% 以上股份的自然人，与投资者持有同一上市公司股份；（8）在投资者任职的董事、监事及高级管理人员，与投资者持有同一上市公司股份；（9）持有投资者 30% 以上股份的自然人和在投资者任职的董事、监事及高级管理人员，其父母、配偶、子女及其配偶、配偶的父母、兄弟姐妹及其配偶、配偶的兄弟姐妹及其配偶等亲属，与投资者持有同一上市公司股份；（10）在上市公司任职的董事、监事、高级管理人员及其前项所述亲属同时持有本公司股份的，或者与其自己或者其前项所述亲属直接或者间接控制的企业同时持有本公司股份；（11）上市公司董事、监事、高级管理人员和员工与其所控制或者委托的法人或者其他组织持有本公司股份；（12）投资者之间具有其他关联关系。投资者认为其与他人不应被视为一致行动人的，可以向中国证监会提供相反证据。

有下列情形之一的，不得收购上市公司：（1）收购人负有数额较大债务，到期未清偿，且处于持续状态；（2）收购人最近3年有重大违法行为或者涉嫌有重大违法行为；（3）收购人最近3年有严重的证券市场失信行为；（4）收购人为自然人的，存在《公司法》规定的依法不得担任公司董事、监事、高级管理人员的情形；（5）法律、行政法规规定以及中国证监会认定的不得收购上市公司的其他情形。

3. 上市公司收购中有关当事人的义务

（1）收购人的义务。一是报告义务，实施要约收购的收购人必须事先向中国证监会报送上市公司收购报告书，在收购过程中要约收购完成后，收购人应当在15日内将收购情况报告中国证监会和证券交易所；二是禁售义务，收购人在要约收购期内，不得卖出被收购公司的股票；三是锁定义务，收购人持有的被收购的上市公司的股票，在收购行为完成后的12个月内不得转让。但是，收购人在被收购公司中拥有权益的股份在同一实际控制人控制的不同主体之间进行转让不受前述12个月的限制，但应当遵守《上市公司收购管理办法》有关豁免申请的有关规定。此外，在一个上市公司中拥有权益的股份达到或者超过该公司已发行股份的30%的，自上述事实发生之日起一年后，每12个月内增持不超过该公司已发行的2%的股份，该增持不超过2%的股份锁定期为增持行为完成之日起6个月。

（2）被收购公司的控股股东或者实际控制人不得滥用股东权利，损害被收购公司或者其他股东的合法权益。

（3）被收购公司的董事、监事和高级管理人员对公司负有忠实义务和勤勉义务，应当公平对待收购本公司的所有收购人。

4. 上市公司收购的支付方式

上市公司收购可以采用现金、依法可以转让的证券，以及法律、行政法规规定的其他支付方式进行。

（二）要约收购规则

1. 要约收购的概念

要约收购是指收购人通过证券交易所的证券交易，投资者持有或通过协议、其他安排与他人共同持有一个上市公司的股份达到该公司已发行股份的30%时，继续增持股份的，应当采取向被收购公司的股东发出收购要约的方式进行收购的收购。

投资者选择向被收购公司的所有股东发出收购其所持有的全部股份要约的，称为全面要约；投资者选择向被收购公司所有股东发出收购其所持有的部分股份要约的，称为部分要约。

2. 要约收购的适用条件

（1）持股比例达到30%。投资者通过证券交易所的证券交易，或者协议、其他安排持有或与他人共同持有一个上市公司的股份达到30%（含直接持有和间接持有）。

（2）继续增持股份。在前一个条件下，投资者继续增持股份时，即触发依法向上市公司所有股东发出收购上市公司全部或者部分股份的要约的义务。

只有在上述两个条件同时具备时，才适用要约收购。

3. 收购要约的期限

收购要约约定的收购期限不得少于30日，并不得超过60日。但是，出现竞争要约的除外。

4. 收购要约的撤销

在收购要约确定的承诺期限内，收购人不得撤销其收购要约。投资者持有或者通过协议、其他安排与他人共同持有该上市公司30%以上的股份，其发出收购要约已经将收购的有关信息作了披露，这些经披露的信息对该上市公司的股票交易将发生重要影响。如果收购人撤销收购要约，会对该上市公司的股票交易产生新的影响，有可能损害中小股东的利益。因此，《证券法》规定在收购要约确定的承诺期限内，收购人不得撤销其收购要约。

5. 收购要约的变更

收购人需要变更收购要约的，必须及时公告，载明具体变更事项，并通知被收购公司。收购要约期限届满前15日内，收购人不得变更收购要约，但是出现竞争要约的除外。在要约收购期间，被收购公司董事不得辞职。

（三）协议收购规则

协议收购是指收购人在证券交易所之外，通过与被收购公司的股东协商一致达成协议，受让其持有的上市公司的股份而进行的收购。以协议方式收购上市公司时，收购协议的各方应当获得相应的内部批准（如股东大会、董事会等）。收购协议达成后，收购人必须在 3 日内将该收购协议向国务院证券监督管理机构及证券交易所作出书面报告，并予公告。在公告前不得履行收购协议。

采取协议收购方式的，协议双方可以临时委托证券登记结算机构保管协议转让的股票，并将资金存放于指定的银行。

采取协议收购方式的，收购人收购或者通过协议、其他安排与他人共同收购一个上市公司已发行的股份达到 30% 时，继续进行收购的，应当向该上市公司所有股东发出收购上市公司全部或者部分股份的要约，转化为要约收购。但是，经国务院证券监督管理机构免除发出要约的除外。如果收购人依照上述规定触发以要约方式收购上市公司股份，应当能够遵守前述有关要约收购的规定。

（四）上市公司收购的权益披露

投资者收购上市公司，要依法披露其在上市公司中拥有的权益，包括登记在其名下的股份和虽未登记在其名下但该投资者可以实际支配表决权的股份。投资者及其一致行动人在一个上市公司中拥有的权益应当合并计算。

1.进行权益披露的情形

（1）通过证券交易所的证券交易，投资者及其一致行动人拥有权益的股份达到一个上市公司已发行的股份的 5% 时，应当在该事实发生之日起 3 日内编制权益变动报告书，向中国证监会、证券交易所提交书面报告，抄报该上市公司所在地的中国证监会派出机构，通知该上市公司，并予公告；在上述期限内，不得再行买卖该上市公司的股票。

投资者及其一致行动人拥有权益的股份达到一个上市公司已发行股份的 5% 后，通过证券交易所的证券交易，其拥有权益的股份占该上市公司已发行股份的比例每增加或者减少 5%，应当依照上述规定进行报告和公告。在报告期限内和作出报告、公告后 2 日内，不得再行买卖该上市公司的股票。

（2）通过协议转让方式，投资者及其一致行动人在一个上市公司中拥有权益的股份拟达到或者超过一个上市公司已发行股份的 5% 时，应当在该事实发生之日起 3 日内编制权益变动报告书，向中国证监会、证券交易所提交书面报告，抄报派出机构，通知该上市公司，并予公告。投资者及其一致行动人拥有权益的股份达到一个上市公司已发行股份的 5% 后，其拥有权益的股份占该上市公司已发行股份的比例每增加或者减少达到或者超过 5% 的，应当依照前述规定履行报告、公告义务。投资者及其一致行动人在作出报告、公告前，不得再行买卖该上市公司的股票。

（3）投资者及其一致行动人通过行政划转或者变更、执行法院裁定、继承、赠予等方式拥有权益的股份变动达到一个上市公司已发行股份的 5% 时，同样应当按照上述规定履行报告、公告义务，并参照上述规定办理股份过户登记手续。

2. 权益变动的披露方式

（1）简式权益变动报告书。投资者及其一致行动人不是上市公司的第一大股东或者实际控制人，其拥有权益的股份达到或者超过该公司已发行股份的 5% 但未达到 20% 的，应当编制简式权益变动报告书。

（2）详式权益变动报告书。投资者及其一致行动人拥有权益的股份达到或者超过一个上市公司已发行股份的 20% 但未超过 30% 的，应当编制详式权益变动报告书。

（五）上市公司收购的法律后果

收购期限届满，被收购公司股权分布不符合上市条件的，该上市公司的股票应当由证券交易所依法终止上市交易；其余仍持有被收购公司股票的股东，有权向收购人以收购要约的同等条件出售其股票，收购人应当收购。收购行为完成后，被收购公司不再具备股份有限公司条件的，应当依法变更企业形式。

在上市公司收购中，收购人持有的被收购的上市公司的股票，在收购行为完成后的 12 个月内不得转让。

收购行为完成后，收购人与被收购公司合并，并将该公司解散的，被解散公司的原有股票由收购人依法更换。

收购行为完成后，收购人应当在 15 日内将收购情况报告国务院证券监督管理机构和证券交易所，并予公告。

第六节 市场竞争法

一、反不正当竞争法

（一）反不正当竞争法概述

1. 不正当竞争的概念

不正当竞争，是指经营者违反本法规定，损害其他经营者的合法权益，扰乱社会经济秩序的行为。即不正当竞争行为，是指经营者违反法律规定，损害其他经营者的合法权益，扰乱社会经济秩序的行为。

2. 反不正当竞争法的概念

反不正当竞争法是调整在禁止不正当竞争行为过程中发生的社会经济关系的法律规范的总称，是市场经济的基本法之一，是市场规制法的重要组成部分。

反不正当竞争法所规制的不正当竞争行为与人们的生产、经营、生活息息相关，是人们从事生产经营、维护正当竞争的交易秩序所不可或缺的法律手段。

要建立完善的社会主义市场经济法律体系，规范市场主体的竞争性经济行为，维系平等、公平、正当、诚信的市场有效竞争秩序，就需要"基本法""经济宪法"般地位的反不正当竞争法的功能发挥。

3. 反不正当竞争法的特征

不正当竞争行为在现实生活中纷繁复杂、形式多样，纵观各类不正当竞争行为，一般都具有以下基本特征。

（1）反不正当竞争法在市场经济中具有崇高的法律地位

反不正当竞争法是规范市场经济运行的基本法律，素有"经济宪法"之称。竞争是市场经济的产物，竞争推动商品经济的发展。竞争又会导致优胜劣汰，对于经营者来说，是利害攸关、生死存亡的问题。经营者为了使自己在市场风浪中不被淘汰，就会绞尽脑汁参与竞争，甚至不择手段，因此，有竞争存在，就不可避免发生不正当竞争行为。如果任其泛滥，市场运转就会失调，导致国民经济遭到破坏。反不正当竞争法通过强制的手段，保护公平竞争，制止不正当竞争行为，维护社会经济秩序，保障市场经济的正常运行。

（2）反不正当竞争法是合法经营者的保护神

反不正当竞争法又被称为保护诚实商人的法律。经营者的合法经营受许多法律的调整，各个法律从不同角度保护合法的经营者，反不正当竞争法对合法经营的保护，不是建立在对实体权利保护的基础上，而是建立在法律原则予以承认的一种谅解的基础上，即凡与诚信营业惯例相悖的行为均予以禁止。

（3）反不正当竞争法被称为"兜底"的法律

反不正当竞争法涉猎面广，常常与物权法、知识产权法、债权法相交融。别的法不管的，它往往也要管。禁止不正当竞争法实际上保护着专利法、商标法等专门法律所保护不到的那些应予保护的权利。反不正当竞争法的制定，对于维护社会经济秩序、鼓励和保护公平竞争，制止不正当竞争，保护合法经营者的权益，保护广大消费者的权益，保障社会主义市场经济的健康发展，都具有重要意义。

4. 反不正当竞争法的立法目的、适用范围

我国的反不正当竞争法除了《中华人民共和国反不正当竞争法》，还有国家工商行政管理局针对几种特殊的不正当竞争行为，发布的《关于禁止公用企业限制竞争行为的若干规定》《关于禁止有奖销售活动中不正当竞争行为的若干规定》《关于禁止仿冒知名商品特有名称、包装、装潢的不正当竞争行为的若干规定》《关于禁止侵犯商业秘密行为的若干规定》《关于禁止商业贿赂行为的暂行规定》。此外，在其他法规中，也有涉及竞争规范的内容，如商标法、专利法、著作权法、价格法、广告法、招标投标法等。

（1）反不正当竞争法的立法目的

《反不正当竞争法》第一条规定："为保障社会主义市场经济健康发展，鼓励和保护公平竞争；制止不正当竞争，保护经营者和消费者的合法权益，制定本法。"由此我国反不正当竞争法的立法目的可以分为三个层次：①制止不正当竞争行为，这是该法的直接目的；②保护经营者和消费者的合法权益，这是该法直接目的的必然延伸；③鼓励和保护公平竞争，保障社会主义市场经济的健康发展。

（2）反不正当竞争法的适用范围

反不正当竞争法适用在中国境内进行市场交易活动的一切经营者。就是说，凡在中华人民共和国领域内从事市场交易的经营者，不论是中国经营者，还是外国经营者，都要遵守。这里的经营者，是指从事商品经营或者营利性服务的法人，其他经济组织和个人。

具体包括：①向市场提供实体商品；②劳务性活动或服务；③非专门从事商品或营利服务。以主体划分为：①法人；②不是法人的其他组织；③公民。

1896 年德国首先在其国内颁布了《反不正当竞争法》，该法在 1909 年修正案

中把不正当竞争行为定义为"行为人在营业中为竞争的目的而违背善良风俗的行为"。主要针对在商标领域中仿冒行为以及产品名称、包装和装潢等方面的混淆行为。

（二）不正当竞争行为

1. 欺骗性市场交易行为

欺骗性市场交易行为，是指经营者违背诚实信用的商业道德，采用不正当手段从事市场交易，损害竞争对手的行为。

欺骗性交易行为具体包括以下几种：（1）假冒他人的注册商标；（2）擅自使用知名商品特有的名称、包装、装潢，或者使用与知名商品近似的名称、包装、装潢，造成和他人的知名商品相混淆，使购买者误认为是该知名商品；（3）擅自使用他人的企业名称或者姓名，使人误认为是他人的商品；（4）在商品上伪造或者冒用认证标志、名优标志等质量标志，伪造产地，对商品质量作引人误解的虚假表示。

2. 商业贿赂行为

商业贿赂行为，是指经营者采用财物或者其他手段进行贿赂，以销售商品或者购买商品，提供服务或者接受服务的不正当竞争行为。商业贿赂行为是一种典型的不正当竞争行为，也是一种历史悠久的不正当竞争行为。这种行为损害了其他经营者的合法权益，扰乱了社会经济秩序，也严重地损害了广大消费者的利益。

（1）商业贿赂行为的基本特征

第一，进行商业贿赂行为的主体可以是经营者，可以是商品的购买者，也可以是商品的销售者；既可以是经营性服务的提供者，也可以是经营性服务的接受者；可以是单位，也可以是个人。交易的双方均可以成为主体，主体的范围非常广泛。

第二，商业贿赂的目的是销售商品或者购买商品，提供经营性服务或者接受经营性服务。这种目的使商业贿赂行为与其他贿赂行为相区别。其他贿赂行为不是为了上述目的，而是为了其他目的。

第三，商业贿赂的对象为交易对方或者交易的经办人或者对交易有影响的人，也包括单位。商业贿赂可以是给交易对方财物或者其他利益，也可以是给经办人财物或者其他利益，还可以是给对交易有影响的其他人财物或者其他利益。

第四，商业贿赂行为的主体在主观上是故意的，商业贿赂行为的主体在主观上不存在过失问题。

第五，商业贿赂的手段包括财物手段或者其他手段。财物手段是指直接给对方财物，其他手段是指不是直接给对方财物，而是给对方某种利益，如提供旅游、度假、提供物的使用权、免费考察等。

（2）折扣与回扣

折扣是指经营者为了销售商品或者购买商品，在销售商品或者购买商品时，给予对方的价格优惠。折扣只发生在交易双方之间即经营者之间，不发生在代理人、经办人之间，也不发生在其他主体之间，这是折扣与回扣和佣金的重要区别之一。我国的《反不正当竞争法》规定允许交易的双方以明示入账的方式给对方折扣，由此可见，正当的竞争行为是以明示入账的方式给对方折扣。这种行为也是合法的行为，接受折扣的经营者也要如实入账。不正当的竞争行为是指经营者不以明示入账的方式给对方折扣，接受折扣的经营者没有如实入账的行为。

3. 引人误解的虚假宣传行为

引人误解的虚假宣传是指经营者为获取市场竞争优势和不正当利益，对其提供的商品或服务进行虚假和引人误解的宣传行为。我国《反不正当竞争法》第九条规定，"经营者不得利用广告或者其他方法，对商品的质量、制作成分、性能、用途、生产者、有效期限、产地等作引人误解的虚假宣传。广告的经营者不得在明知或者应知的情况下，代理、设计、制作、发布虚假广告"。该法条即为规制引人误解的虚假宣传行为的法律规范依据。

4. 侵犯商业秘密的行为

商业秘密是指不为公众所知悉，能为权利人带来经济利益，具有实用性并经权利人采取保密措施的技术信息和经营信息。侵犯商业秘密行为是指以不正当手段获取、披露、使用他人商业秘密的行为。

侵犯商业秘密行为通常有以下几种：（1）以盗窃、利诱、胁迫或者其他不正当手段获取权利人的商业秘密；（2）披露、使用或者允许他人使用以前项手段获取的权利人的商业秘密；（3）根据法律和合同，有义务保守商业秘密的人（包括与权利人有业务关系的单位、个人，在权利人单位就职的职工）披露、使用或者允许他人使用其所掌握的商业秘密。第三人明知或应知前款所列违法行为，获取、使用或者披露他人的商业秘密，视为侵犯商业秘密。在实践中，第三人的行为可能与侵权人构成共同侵权。

侵犯商业秘密行为要点表现为以下几方面：（1）认定是否构成侵权，必须首先依法确认商业秘密确实存在。（2）行为主体可以是经营者，也可以是其他人。反不正当竞争法规范的各种不正当竞争行为的实施者，绝大多数要求其具有经营者的身份，而侵犯商业秘密的人则不受该限制。（3）客观上，行为主体实施了侵犯他人商业秘密的行为。实施的方式有盗窃、利诱、胁迫或不当披露、使用等。（4）以非法手段获取、披露或者使用他人商业秘密的行为已经或可能给权利人带来损害后果。

5. 不正当有奖销售行为

有奖销售是一种有效的促销手段，包括奖励给所有购买者的附赠式有奖销售和奖励部分购买者的抽奖式有奖销售。法律并不禁止所有的有奖销售行为。不正当有奖销售，是指经营者在销售商品或提供服务时，以提供奖励（包括金钱、实物、附加服务等）为名，实际上采取欺骗或者其他不当手段损害用户、消费者的利益，或者损害其他经营者合法权益的行为。

6. 损害他人商业信誉或商品声誉的行为

损害他人商业信誉或商品声誉的行为是指经营者捏造、散布虚假事实，损害竞争对手的商业信誉、商品声誉，从而削弱其竞争力的行为。

商业信誉或商品声誉是社会公众对市场经营主体名誉的综合性积极评价。它是经营者长期努力追求，刻意创造，并投入一定的金钱、时间及精力才取得的。良好的商业信誉或商品声誉本身就是一笔巨大的无形财富。在经济活动中，最终又通过有形的形式（如销售额、利润）回报经营者。法律对通过积极劳动获得的商业信誉或商品声誉给予尊重和保护，对以不正当手段侵犯竞争者商业信誉或商品声誉的行为予以严厉制裁。《反不正当竞争法》第十四条规定，经营者不得捏造、散布虚伪事实，损害竞争对手的商业信誉、商品声誉。

7. 公用企业或具有独占地位的经营者强制交易行为

公用企业限制竞争行为是指公用企业的经营者及其他依法具有独占地位的经营者违反国家法律规定，利用自身的优势地位限制、妨碍其他经营者的公平竞争，并且侵害消费者合法权益的不正当竞争行为。公用企业及其他依法具有独占地位的经营者不直接参与竞争，而是凭借法律所赋予的合法垄断地位干预他人的公平竞争，是一种间接形式的不正当竞争。我国《反不正当竞争法》第六条规定：公用企业或者其他依法具有独占地位的经营者，不得限定他人购买其指定的经营者的商品，以排挤其他经营者的公平竞争。

公用企业限制竞争行为的主体具有特定性，只能是公用企业或依法具有独占地位的企业，一般的经营者不可能实施此类限制竞争行为。公用企业是指涉及公用事业的经营者，包括供水、供电、供气、邮政、电信、交通运输等行业的经营者。"其他依法具有独占地位的经营者"是指在特定的市场上处于无人与之竞争状态下的经营者。

从客观方面来看，享有独占地位的经营者往往限定用户、消费者只能购买和使用其指定的经营者的商品，而不得购买和使用其他经营者提供的符合技术标准要求的同类商品。

从行为的结果来看，它违背了市场经济公平竞争的原则，排挤了其他经营者的公平竞争，同时该行为也限制了用户、消费者的自由选择权，损害了消费者和用户的合法权益。

8. 滥用行政权力限制竞争行为

滥用行政权力限制竞争行为是指政府及其所属部门滥用行政权力，对市场经营活动进行非法干涉，强制经营者从事或者不从事某种经营活动的行为。这种行为违反了依法行政的原则，损害了法律保护的市场竞争秩序。同时，由于这种行为是政府及其所属部门所为，又滋生着官商结合、权钱交易等腐败因素，其危害性极大。地区封锁行为，是指地方政府及其所属部门以行政权力为后盾，无法律依据地限制商品在本地和外地之间正常流通，以牟取地方利益的行为。这种行为，人为地分割市场，影响全国性市场经济体系结构的统一和完善。

根据《反不正当竞争法》第七条的规定，政府及其所属部门不得滥用行政权力，限定他人购买其指定的经营者的商品，限制其他经营者正当的经营活动。政府及其所属部门不得滥用行政权力，限制外地商品进入本地市场，或者本地商品流向外地市场。该条是对政府及其所属部门不得滥用行政权力，限制竞争行为的禁止性规定。其中第一款禁止其实施行政性强制经营行为，第二款禁止其实施地区封锁行为。

9. 低价倾销行为

低价倾销行为是指经营者以排挤竞争对手为目的，以低于成本的价格销售商品。低价倾销违背企业生存原理及价值规律，在市场竞争中往往引发价格大战、中小企业纷纷倒闭等恶性竞争事件，甚至导致全行业萎缩的严重后果。为了防患于未然，《反不正当竞争法》及《中华人民共和国价格法》（下文称《价格法》）都禁止经营者为打击竞争对手而以低于成本价销售商品。《反不正当竞争法》第十一条规定，经营者不得以排挤竞争对手为目的，以低于成本的价格销售商品。

10.搭售和附加不合理交易条件行为

搭售和附加不合理交易条件经营者在提供商品或服务时，利用自己的经济优势，违背交易相对人的意愿，搭配销售其他商品（或服务），或者对商品（或服务）的价格、销售对象、销售地区等进行不合理限制的行为。

该行为的特点是：（1）行为的主体是从事市场交易的供应商（生产企业）、批发商和零售商，是市场交易的主体。（2）实施搭售和其他附加不合理交易条件行为的手段，是经营者利用自己的经济优势，而不是贿赂、强制等不正当竞争手段。经济优势指经营者的产品具有独特的性质，购买者对它有特殊需求，并已形成了一定的市场支配能力。（3）是经营者对购买者的纵向控制行为，或者说是卖方对买方的控制行为，即供应商对批发商、批发商对零售商、零售商对顾客的控制行为。（4）附加的交易条件是不合理的。包括直接搭配销售商品，有的是对提供的商品和服务的价格、销售对象、销售地区等附加不合理的交易条件。附加合理的交易条件，不构成违法行为。（5）违背相对交易人的意愿，交易相对人接受搭售和附加的不合理交易条件是被迫的。

11.串通投标行为

串通投标行为是指投标者之间串通投标，抬高或压低标价，以及投标者为排挤竞争对手而与招标者相互勾结的行为。

（1）投标者之间串标

投标人之间相互约定抬高或压低投标报价；投标人之间相互约定，在招标项目中分别以高、中、低价位报价，投标人之间先进行内部"竞价"，内定中标人，然后再参加投标；某一投标人给予其他投标人以适当的经济补偿后，这些投标人的投标均由其组织，不论谁中标，均由其承包。

有下列情形之一的，视为投标人相互串通投标：不同投标人的投标文件由同一单位或者个人编制；不同投标人委托同一单位或者个人办理投标事宜；不同投标人的投标文件载明的项目管理成员为同一人；不同投标人的投标文件异常一致或者投标报价呈规律性差异，不同投标人的投标文件相互混装；不同投标人的投标保证金从同一单位或者个人的账户转出。

（2）投标者与招标者串标

招标人在开标前开启投标文件，并将投标情况告知其他投标人，或者协助投标人撤换投标文件，更改报价；招标人向投标人泄露标底；招标人商定，投标时压低或抬高标价，中标后再给投标人或招标者额外补偿，招标人预先内定中标人；

招标者为某一特定的投标者量身定做招标文件，排斥其他投标者。

（三）不正当竞争行为的监督检查

1. 不正当竞争行为的监督机关

《反不正当竞争法》第三条明确规定："各级人民政府应当采取措施，制止不正当竞争行为，为公平竞争创造良好的环境和条件。县级以上人民政府工商行政管理部门对不正当竞争行为进行监督检查；法律、行政法规规定由其他部门监督检查的，依照其规定。"依此规定可以看出，我国对不正当竞争行为的监督机关有县级以上工商行政管理部门。法律、行政法规规定的其他监督部门，如《产品质量法》规定，产品质量监督机关有权查处经营者在产品上伪造产地，伪造或者冒用他人厂名、厂址，伪造或者冒用认证标志、名优标志等质量标志的行为。

2. 监督检查权

监督检查机关在行使职责时具有下列职权。

（1）按照规定程序询问被检查的经营者、利害关系人、证明人，并要求提供证明材料或者与不正当竞争行为有关的其他资料。

（2）查询、复制与不正当竞争行为有关的协议、账册、单据、文件、记录、业务函电和其他资料。

（3）检查与假冒行为有关的财物，必要时可以责令被检查的经营者说明该商品的来源与数量，暂停销售，听候检查，不得转移、隐匿、销毁该财物。监督检查部门工作人员监督检查不正当竞争行为时，应出示证件。监督检查部门在监督检查不正当竞争行为时，被检查的经营者、利害关系人和证明人要如实提供有关资料或情况。

3. 法律责任

《反不正当竞争法》主要规定了民事责任、行政责任，情节严重的要涉及刑事责任。

（1）民事责任。不正当竞争行为从性质上讲是民事侵权行为，应承担民事责任。承担民事责任方式如下。

被侵害的经营者合法权益受到不正当竞争行为损害的可以向人民法院提出诉讼，法院可责令侵害人停止侵害、赔偿损失。关于赔偿的范围，如被侵害的经营者损失不难计算的，应当计算实际损失，并按实际损失赔偿；如被侵害的经营者损失难以计算的，赔偿额为侵权人在侵权期间因侵权所获得的利润，并应承担被侵害的经营者因调查该不正当竞争行为所支付的合理费用。

（2）行政责任。针对不同的不正当竞争行为，《反不正当竞争法》规定了不同的行政处罚：①罚款，如侵犯商业秘密，可根据情节，处以1万元至10万元的罚款；②没收，是指对侵权行为人的违法所得、非法行为工具进行没收；③吊销执照；④责令改正。

监督检查部门依法对违法行为当事人进行行政处罚。如当事人对处罚决定不服的，可以自收到处罚决定之日起15日内向上一级主管机关申请复议；对复议决定不服的，可以自收到复议决定书之日起15日内向人民法院提起诉讼，也可直接向人民法院提起诉讼。

（3）刑事责任。对于商业贿赂行为、制造与销售假冒伪劣商品行为等构成犯罪的，还要追究其刑事责任。

二、反垄断法

（一）反垄断法概述

1. 反垄断法概念

垄断，是指经营者已经形成或正在进行的应受法律谴责的，在一定市场上限制竞争的某种状态或行为。从广义上讲，反垄断法是指通过规范垄断和限制竞争行为来调整企业和企业联合组织相互间竞争关系的法律规范的总和。狭义的反垄断法是指全国人大常委会通过的《中华人民共和国反垄断法》（以下简称《反垄断法》)，即2007年8月30日十届全国人大常委会第二十九次会议通过的《反垄断法》。该法于2008年8月1日起正式施行，共8章57条。

2. 反不正当竞争法与反垄断法的区别

（1）两法在规制对象上不同。一般认为，反不正当竞争法规范不正当竞争，禁限过度的竞争行为；反垄断法规范垄断或限制竞争，禁限排斥、消灭竞争的行为。

（2）两法在立法目的、保护对象和法律地位上不同。反不正当竞争立法的要点在于制止和矫正不正当竞争对竞争秩序的个别性、局部性破坏，实现市场竞争的公平、正当，从实际来看，它较多地保护名牌企业或大型企业的利益。通常它与民事侵权法、知识产权法相联系（有些国家将其视为民事特别法），具有"兜底法"的特征。反垄断立法的要点在于制止和矫正垄断行为对竞争秩序的结构性、全局性破坏，实现市场竞争的自由、充分，从实际来看，它较多地保护中小企业或新入市企业的利益。它与促进社会公共利益和经济民主秩序相联系，具有强烈的公法性，常被誉为"经济宪法"。

（3）两法对其规制对象的法律否定态度不同。反不正当竞争法较多地关注竞争行为的伦理界限，即是否符合商业道德性的要求，因而对不正当竞争的否定是绝对的，一般不允许有例外；反垄断法则较多地关注竞争行为的经济界限，即是否符合经济效益性的要求，对垄断行为的否定是相对的，允许有诸多例外。

3. 反不正当竞争法与反垄断法的联系

（1）立法形式上可以合并，即以一部法律或是一套法律制度兼容反不正当竞争规范和反垄断法规范。如匈牙利、保加利亚、我国台湾地区等的一元立法和美国的反托拉斯系列立法。

（2）执法机构上可以统一。如美国、日本、英国、我国台湾地区等设立独立的专门委员会来统一负责反垄断和反不正当竞争。

（3）规制内容上可以交叉。不正当竞争与垄断之间并没有绝对、固定的界限，因而对于实践中有些兼具不正当竞争性质和垄断性质的市场行为，就需要两法相互配合，共同实现规制。

（二）垄断行为

1. 垄断协议

（1）垄断协议的概念

垄断协议，是指两个或两个以上经营者达成排除、限制竞争的协议、决定或者其他协同行为。按照垄断协议主体之间关系的不同，可以将垄断协议分为具有竞争关系的经营者之间达成的横向垄断协议和经营者与交易相对人之间达成的纵向垄断协议。

（2）具有竞争关系的经营者之间达成的横向垄断协议

我国反垄断法禁止具有竞争关系的经营者达成下列垄断协议：①固定或者变更商品价格；②限制商品的生产数量或者销售数量；③分割销售市场或者原材料采购市场；④限制购买新技术、新设备或者限制开发新技术、新产品；⑤联合抵制交易；⑥国务院反垄断执法机构认定的其他垄断协议。

横向垄断协议直接排除、限制了原本具有竞争关系的经营者之间的竞争，是最为典型的垄断行为。

（3）经营者与交易相对人之间达成的纵向垄断协议

我国反垄断法禁止经营者与交易相对人达成下列垄断协议：①固定向第三人转售商品的价格；②限定向第三人转售商品的最低价格；③国务院反垄断执法机构认定的其他垄断协议。

反垄断法之所以禁止纵向垄断协议，是因为如果经营者限定交易相对人向第三人转售商品的价格或最低价格，就有可能使其所有的交易相对人实现价格方面的统一，其最终效果等同于横向垄断协议中的价格协议。

（4）垄断协议的豁免

并非所有的垄断协议都受到反垄断法的禁止。如果垄断协议的达成具有合理性且能产生利大于弊的效果，则可以为反垄断法所豁免。

我国反垄断法规定，经营者能够证明所达成的协议属于下列情形之一的，不予禁止：①为改进技术、研究开发新产品的；②为提高产品质量、降低成本、增进效率，统一产品规格、标准或者实行专业化分工的；③为提高中小经营者经营效率，增强中小经营者竞争力的；④为实现节约能源、保护环境、救灾救助等社会公共利益的；⑤因经济不景气，为缓解销售量严重下降或者生产明显过剩的；⑥为保障对外贸易和对外经济合作中的正当利益的；⑦法律和国务院规定的其他情形。属于上述七项情形的，经营者还应当证明所达成的协议不会严重限制相关市场的竞争，并且能够使消费者分享由此产生的利益。

2. 滥用市场支配地位

（1）市场支配地位的界定

市场支配地位，是指经营者在相关市场内具有能够控制商品价格、数量或者其他交易条件，或者能够阻碍、影响其他经营者进入相关市场能力的市场地位。

认定经营者具有市场支配地位，应当依据下列因素：①该经营者在相关市场的市场份额，以及相关市场的竞争状况；②该经营者控制销售市场或者原材料采购市场的能力；③该经营者的财力和技术条件；④其他经营者对该经营者在交易上的依赖程度；⑤其他经营者进入相关市场的难易程度；⑥与认定该经营者市场支配地位有关的其他因素。

有下列情形之一的，可以推定经营者具有市场支配地位：①一个经营者在相关市场的市场份额达到1/2的；②两个经营者在相关市场的市场份额合计达到2/3的；③三个经营者在相关市场的市场份额合计达到3/4的。

有上述第②项、第③项规定的情形，其中有的经营者市场份额不足1/10的，不应当推定该经营者具有市场支配地位。被推定具有市场支配地位的经营者，有证据证明不具有市场支配地位的，不应当认定其具有市场支配地位。

（2）相关市场的界定

认定经营者是否具有市场支配地位的一个关键性因素在于对"相关市场"的界定。所谓"相关市场"，是指经营者在一定时期内就特定商品或者服务进行竞争的商品（服务）范围和地域范围。对相关市场的界定，一般股从商品（服务）、地域和时间三个维度进行。从相关商品（服务）市场的角度，商品（服务）之间的可替代性越高，它们之间的竞争关系就越强，就越有可能属于同一相关市场。从相关地域市场的角度，一般是以一国作为一个市场，但在全球化时代，有些相关地域市场的界定可能要突破国界的限制。此外，当商品的生产周期、使用期限、季节性、流行时尚性或知识产权保护期限等已构成商品不可忽视的特征时，界定相关市场还应考虑时间性。

（3）滥用市场支配地位的行为方式

①以不公平的高价销售商品或者以不公平的低价购买商品；②没有正当理由，以低于成本的价格销售商品；③没有正当理由，拒绝与交易相对人进行交易；④没有正当理由，限定交易相对人只能与其进行交易或者只能与其指定的经营者进行交易；⑤没有正当理由搭售商品，或者在交易时附加其他不合理的交易条件；⑥没有正当理由，对条件相同的交易相对人在交易价格等交易条件上实行差别待遇；⑦国务院反垄断执法机构认定的其他滥用市场支配地位的行为。

3. 经营者集中

（1）经营者集中的概念

经营者集中，是指经营者之间通过合并、取得股份或资产、委托经营或联营以及人事兼任等方式形成的控制与被控制状态。由于一定规模的经营者集中可能改变市场结构，排除或限制竞争，因此成为反垄断法所规制的对象。

我国反垄断法规定的经营者集中指下列情形：①经营者合并；②经营者通过取得股权或者资产的方式取得对其他经营者的控制权；③经营者通过合同等方式取得对其他经营者的控制权或者能够对其他经营者施加决定性影响。

（2）经营者集中的申报

反垄断法并不关注所有的经营者集中。只有那些具有一定规模的企业之间进行的经营者集中才有可能产生排除或限制竞争的效果，也才会受到反垄断法的关注。

经营者集中达到下列标准之一的，经营者应当事先向国务院商务主管部门申报，未申报的不得实施集中：①参与集中的所有经营者上一会计年度在全球范围内的营业额合计超过 100 亿元人民币，并且其中至少两个经营者上一会计年度在中国境内的营业额均超过 4 亿元人民币；②参与集中的所有经营者上一会计年度在中国境内的营业额合计超过 20 亿元人民币，并且其中至少两个经营者上一会计年度在中国境内的营业额均超过 4 亿元人民币。营业额的计算，应当考虑银行、保险、证券、期货等特殊行业、领域的实际情况，具体办法由国务院商务主管部门会同国务院有关部门制定。

经营者集中有下列情形之一的，可以不向国务院反垄断执法机构申报：①参与集中的一个经营者拥有其他每个经营者 50% 以上有表决权的股份或者资产的；②参与集中的每个经营者 50% 以上有表决权的股份或者资产被同一个未参与集中的经营者拥有的。上述经营者集中，即使达到了申报标准，也可以豁免，原因在于参与集中的经营者在集中前本来就具有控制与被控制的关系或极为紧密的联系，集中不会改变或加强它们之间的联系，也不会改变竞争的格局。

（3）经营者集中的审查程序

经营者向国务院反垄断执法机构申报集中，应当提交下列文件、资料：①申报书；②集中对相关市场竞争状况影响的说明；③集中协议；④参与集中的经营者经会计师事务所审计的上一会计年度财务会计报告；⑤国务院反垄断执法机构规定的其他文件、资料。申报书应当载明参与集中的经营者的名称、住所、经营范围、预定实施集中的日期和国务院反垄断执法机构规定的其他事项。经营者提交的文件、资料不完备的，应当在国务院反垄断执法机构规定的期限内补交文件、资料。经营者逾期未补交文件、资料的，视为未申报。

国务院反垄断执法机构应当自收到经营者提交的文件、资料之日起 30 日内，对申报的经营者集中进行初步审查，作出是否实施进一步审查的决定，并书面通知经营者。国务院反垄断执法机构作出决定前，经营者不得实施集中。国务院反垄断执法机构作出不实施进一步审查的决定或者逾期未作出决定的，经营者可以实施集中。

国务院反垄断执法机构决定实施进一步审查的，应当自决定之日起 90 日内审查完毕，作出是否禁止经营者集中的决定，并书面通知经营者。作出禁止经营者集中的决定，应当说明理由。审查期间，经营者不得实施集中。

有下列情形之一的，国务院反垄断执法机构经书面通知经营者，可以延长审查期限，但最长不得超过 60 日：①经营者同意延长审查期限的；②经营者提交的文件、资料不准确，需要进一步核实的；③经营者申报后有关情况发生重大变化的。国务院反垄断执法机构逾期未作出决定的，经营者可以实施集中。

审查经营者集中，应当考虑下列因素：①参与集中的经营者在相关市场的市场份额及其对市场的控制力；②相关市场的市场集中度；③经营者集中对市场进入、技术进步的影响；④经营者集中对消费者和其他有关经营者的影响；⑤经营者集中对国民经济发展的影响；⑥国务院反垄断执法机构认为应当考虑的影响市场竞争的其他因素。

（4）经营者集中的审查结果

经营者集中具有或者可能具有排除、限制竞争效果的，国务院反垄断执法机构应当作出禁止经营者集中的决定。但是，经营者能够证明该集中对竞争产生的有利影响明显大于不利影响，或者符合社会公共利益的，国务院反垄断执法机构可以作出对经营者集中不予禁止的决定。对不予禁止的经营者集中，国务院反垄断执法机构可以决定附加减少集中对竞争产生不利影响的限制性条件。

国务院反垄断执法机构应当将禁止经营者集中的决定或者对经营者集中附加限制性条件的决定，及时向社会公布。

对外资并购境内企业或者以其他方式参与经营者集中，涉及国家安全的，除依照反垄断法规定进行经营者集中审查外，还应当按照国家有关规定进行国家安全审查。

4. 行政垄断

行政垄断，是指行政机关和法律、法规授权的具有管理公共事务职能的组织滥用行政权力，从事的排除、限制竞争的行为。行政垄断的成因比较复杂，一方面源于我国体制转轨过程中政府职能转变不到位，另一方面也与政府部门或地方政府的利益驱动有关。

反垄断法对于行政垄断的禁止主要包括：

（1）行政机关和法律、法规授权的具有管理公共事务职能的组织不得滥用行政权力，限定或者变相限定单位或者个人经营、购买、使用其指定的经营者提供的商品。

（2）行政机关和法律、法规授权的具有管理公共事务职能的组织不得滥用行政权力，实施下列行为，妨碍商品在地区之间的自由流通：①对外地商品设定歧视性收费项目、实行歧视性收费标准，或者规定歧视性价格；②对外地商品规定与本地同类商品不同的技术要求、检验标准，或者对外地商品采取重复检验、重复认证等歧视性技术措施，限制外地商品进入本地市场；③采取专门针对外地商品的行政许可，限制外地商品进入本地市场；④设置关卡或者采取其他手段，阻碍外地商品进入或者本地商品运出；⑤妨碍商品在地区之间自由流通的其他行为。

（3）行政机关和法律、法规授权的具有管理公共事务职能的组织不得滥用行政权力，以设定歧视性资质要求、评审标准或者不依法发布信息等方式，排斥或者限制外地经营者参加本地的招标投标活动。

（4）行政机关和法律、法规授权的具有管理公共事务职能的组织不得滥用行政权力，采取与本地经营者不平等待遇等方式，排斥或者限制外地经营者在本地投资或者设立分支机构。

（5）行政机关和法律、法规授权的具有管理公共事务职能的组织不得滥用行政权力，强制经营者从事反垄断法规定的垄断行为。

（6）行政机关不得滥用行政权力，制定含有排除、限制竞争内容的规定。

第三章 现代经济法的制定与实施

本章内容主要阐述了现代经济法的制定与实施，主要从三个方面进行了介绍，分别为现代经济法的原则、现代经济法的实施以及现代经济法的调整。

第一节 现代经济法的原则

经济法的基本原则是经济法本质和精神的集中体现，它是用来指导经济立法、执法、司法、守法以及经济法理论研究的基本指导思想和行为准则，是对整个经济法内容高度的抽象和概括。

一、社会本位原则

社会本位是以维护社会公共利益为出发点的经济法的本位思想。社会公共利益满足程度是与国家的宏观调控、经济个体的行为以及市场的运行和社会分配行为紧密联系的，个人利益只有与社会公共利益平衡发展才能得到实现。经济法把社会本位作为调整原则，表明经济法在对产业调节、固定资产投资、货币发行、产品质量控制、消费者权益保护等关系进行调整时，要以社会利益为本位。与此同时，任何市场主体，在进行市场行为时，都不能一味地追求自身利益的最大化而忽视对社会公共利益的关注，否则也是对自己应当承担的社会责任的背离。

二、资源优化配置原则

资源是一个内涵广泛的概念，可以表述为：人力资源、财力资源、物力资源、技术资源以及信息资源等。资源的优化配置是指资源在生产和再生产各个环节上的合理与有效的流动和配备。

三、国家适度干预原则

所谓适度干预，就是要求国家授权政府在法律规定的范围内对经济进行干预，这种干预应积极主动地进行，同时干预不能过多也不能过少。

四、公共利益优先的原则

经济法是国家为了克服市场失效等仅由市场机制所无法消除的弊端而运用的"有形之手"，是对市场经济进行调节和干预的重要手段。国家通过经济法等手段对资源经过市场的基础配置后留下的缺口进行补充性配置，对垄断权力进行抑制，对外部经济效果的负效应实行控制，禁止固定价格或瓜分市场等种种行为，运用货币和财政力量加以促进经济的稳定，增长和降低社会分配的不平等，实现公共物品的生产和供给等。国家依靠其权威性和强制力来完成这些任务的过程，不外乎就是弥补市场追求天生平等的缺陷，从而实现市场本身所不能够实现的公共利益，并且在各个部门法中，也只有经济法才能承担起实现公共利益和弥补市场缺陷的功能。因此可见，经济法在实现其任务的过程中必须体现的一个重要原则就是公共利益优先的原则。

五、经济效益和经济公平原则

经济法的最基本原则应该是维护社会经济总体效益和兼顾各方经济利益，即经济效益和经济公平原则。提高经济效益是我国全部经济工作的重点和归宿，同时也是国家加强经济立法所要追求的终极价值目标。无论是市场主体规制法、市场秩序规制法、宏观调控和可持续发展保障法，还是社会分配调控法都要把促进和保障提高企业的经济效益和社会经济效益摆在首位。经济法追求的公平是社会总体的经济公平，社会总体公平要求绝大多数个体和团体间必须公平。

六、社会效益和经济效益相统一的原则

国家对社会经济进行调节，其根本目的在于促进社会经济协调和稳定的增长，克服市场失效和收入及消费上的分配不平等所产生的诸多弊端和缺陷，而国家要达到上述目的，在许多情况下必须不计"成本"。从微观经济学的意义上说，产出大于投入也就是说收入大于成本意味着有效益，这是企业或个人作为一个经济主体判断自己的效益的唯一标准，也就是通常所说的经济效益。但是当国家参与

经济生活，对社会经济进行调控、干预或管理，从而成为经济主体之一时，判断自己的效益就不能以此为唯一的标准，因为国家直接参与社会经济生活的主要原因，就是要克服在市场机制下各社会成员将追求产出大于投入作为效益的唯一标准而带来的种种缺陷或弊端。

例如，国有资产管理法作为经济法的一个重要内容，就是要求国有企业也必须注重经济效益，要求企业的经营者对国有资产肩负保值增值的义务和责任；再如国有资产投资法和财政法都规定，国家作为公共物品的提供者，在投资项目的确定上要着眼于社会效益，要让投资项目能为整个社会的经济发展做出巨大贡献，但是在具体项目的建设上却要讲求经济效益，严禁铺张浪费。所以，社会效益与经济效益相统一是经济法的又一项基本原则。

七、注重公平和兼顾效率相统一的原则

虽然由于经济法的性质和任务决定了经济法必须注重公平，但是在注重公平的同时，经济法也必须兼顾效率，因为不兼顾效率就肯定会助长资源浪费和贪污腐败等社会现象的滋生和蔓延，从而导致"政府失效"（government failures）——政府调整市场失效反而使得弊端更加严重，甚至导致其他问题。所以注重公平也必须兼顾效率，这一点也是经济法的任务所决定的，同样体现在经济法的方方面面。例如最强调公平原则的社会保障法，人们花费大量的时间分析不同的收入再分配方案的成本与收益，分析不同的收入再分配方案是否导致社会浪费（如降低人们的劳动热情，甚至助长不劳而获的思想），研究给困难者的补助究竟是给现金还是给实物，分析哪一种分配方式能更有效率地减少贫困。

不过，经济法的注重公平原则与民法上体现的平等原则是不同的。经济法所说的公平原则是指国家为了克服市场机制产生的天然的不公平，以国家力量强制性地从富裕者手中拿出部分财产去救济和帮助贫困者，从而达到社会的相对公平。而民法所说的平等原则是指在市场经济条件下各民事行为主体的地位是平等的，他们只服从等价交换原则，在这一平等的尺度下平等地交往。

第二节　现代经济法的实施

一、经济法的实施的概念

经济法的实施是指经济法主体使经济法律规范在社会生活中获得实现的活动，即贯彻执行经济法律、法规。经济法的实施将经济法律规范的要求转化为经济法主体的行为，使经济法律、法规得到严格遵守，经济权利得以正确行使，经济义务得以切实履行，经济违法行为得到应有的制裁。

经济法的实施具有重要意义，是我国经济法制建设必不可少的重要环节。经济立法解决了有法可依的问题，经济法的实施就是要解决有法必依、执法必严、违法必究的问题。如果有法不依、执法不严、违法不究，则经济立法便形同虚设，社会主义法制难以建立。为保障经济法实施，首先要加强经济法制教育，提高全民法律意识，使公民自觉守法；其次要加强经济执法，完善监督机制，保障执法机关与执法人员准确、公正、严格地执行法律。这样才能有效地保证国家机构通过行使经济职权实现管理和协调经济运行的职能，保证企业通过行使法人财产权使其真正成为商品生产者和经营者，保证其他经济法主体的合法权益得以实现，从而使我国社会主义市场经济体制有秩序地运行。

二、违反经济法的法律责任及其实现

（一）经济法责任的概念

法律责任，是指行为人因实施了违反法律法规规定的行为而应承担的法律后果。违反经济法的法律责任，亦称经济法责任，是指经济法主体因实施了违反经济法律法规的行为而应承担的法律后果。经济法责任是经济法主体的经济权利和经济义务得以实现的保障机制，是经济法目的得以实现的最后一道屏障。由于经济法责任固有的惩戒性，其对经济法主体行为保持端正具有威慑和督促作用，能够推动经济法主体恪守经济义务约束。

（二）违反经济法法律责任的形式

经济法责任是一个具有综合性的范畴，它是由不同性质的多种责任形式构成的统一体。根据我国法律的规定，违反经济法法律责任的形式主要有以下三种。

1. 民事责任

民事责任是指经济法主体违反经济法律法规给对方造成损害时依法应承担的民事法律后果。根据《民法通则》的规定，经济法主体承担民事责任的方式主要有：停止侵害；排除妨碍；消除危险；返还财产；恢复原状；修理、重作、更换；赔偿损失；支付违约金；消除影响、恢复名誉；赔礼道歉等。

2. 行政责任

行政责任是指经济法主体违反经济法律法规依法应承担的行政法律后果，包括行政处罚、行政处分、行政补偿和行政赔偿等。根据《行政处罚法》的规定，行政处罚的种类包括：警告；罚款；没收违法所得、没收非法财物；责令停产、停业；暂扣或吊销许可证、暂扣或吊销营业执照；行政拘留；法律、行政法规规定的其他行政处罚。行政处分的种类包括：警告；记过；记大过；降级；撤职；开除等。

3. 刑事责任

刑事责任是指经济法主体违反经济法律法规构成犯罪依法应承担的刑事法律后果，即刑罚。根据《刑法》规定，刑罚分为主刑和附加刑。主刑的种类包括：管制；拘役；有期徒刑；无期徒刑；死刑。附加刑的种类包括：罚金；剥夺政治权利；没收财产。附加刑也可以独立适用。对犯罪的外国人可以独立适用或附加适用驱逐出境。法律规定为单位犯罪的，单位应当负刑事责任，对单位判处罚金，并对直接负责的主管人员和其他直接责任人员判处刑罚。

需要注意的是，罚金与罚款是两个不同的概念，两者不能混淆。前者属于刑罚的种类之一，由人民法院依法实施；后者属于行政处罚的种类之一，一般由行政机关依法实施。

经济法责任的实现是指经济法责任确定后，当事人因此而产生的经济职责、经济义务或其他负担。经济法责任的实现包括两层含义：一是在当事人对责任的承担无争议的情况下，取决于责任主体自觉履行的行动；二是当责任主体怠于或拒不承担责任，或者当事人对责任的承担存在争议时，则需由权利主体通过法定途径寻求实现，即申请由有权处理的机关依法进行责任认定及强制执行。

第三节　现代经济法的调整

一、经济法调整概述

（一）调整的含义

调整一般指对具体行为的规范，调整不仅表现为干预、限制或禁止，还表现为保护、促进或鼓励。调整社会关系的手段十分丰富，如法律调整、道德调整等。在调整社会关系、寻求最佳方法时，法律无疑最为适宜。法律调整是指国家为维护某一种社会制度，为维护和发展某些利益，自觉运用一系列法律手段，对社会关系施加的规范性、组织性作用。

一般意义上说法律的调整方法，也就是法律影响社会关系并进而影响人们行为方式的手段、措施和方法。法的调整方法因部门法而异，其差异受哪些因素影响呢？

探求法的调整方法首先从追溯法律调整的历史开始。从历史的角度而言，法律的调整方法及其运用随着它所调整的社会关系的演变而不断地变化。社会关系的改变使"刑罚""意思自治""国家干预"相继成为法律调整的重要手段。这反映了调整方法及调整对象的关系。不同的调整对象需要相应的调整方法及模式与之对应，对法律调整方法的选择主要取决于法律调整对象的特点。调整对象无疑起着决定作用，而方法只能附从于对象。调整方法适合于调整对象的要求必然在调整社会关系的效果中事半功倍，反之方法的失当只会事倍而功半。

我们讨论法律调整方法和调整对象的关系是为了探求一种理想的操作规则，进而实现法律调整的目的，即实现这一部门法的本质要求。因而和调整方法紧密相连的另一个范畴就是调整目的（也可以说是这一部门法的价值追求）。法律调整的目的是价值问题，法律的调整方法，即指法律对社会关系影响的手段，它表明法律调整在技术上的特点。民法的价值在于自由、民主、平等之精神，其合理的操作规则是当事人的意思自治，和对诚实信用原则的保障；刑法的价值在国家安全，其调整方法是以刑罚为工具保护统治秩序。法律价值的实现必然要求相应的操作技术配套，部门法的本质属性深刻影响这一部门法的调整方法。

（二）经济法的调整对象

经济法的调整对象是特定的经济关系，主要包括以下几个方面。

1. 宏观调控关系

宏观调控关系是指国家对国民经济和社会发展运行进行规划，调节和控制过程中发生的经济关系，具体表现为国家计划调控关系、财政调控关系和金融调控关系等。

2. 市场主体管理关系

市场主体是市场经济中最基本的要素，社会主义市场经济中存在着各种各样的市场主体，充分的市场竞争首先表现为市场主体多元化的竞争，国家对经济运行要进行协调、管理和监督，必须对市场主体的准入资格进行法律上的确认，通过法律手段规范各种市场主体的设立、变更、终止及其内部各部门之间的关系，具体表现为个人独资企业、合伙企业、公司、外商投资企业和外国企业，以及破产法律制度等。

3. 市场规制关系

市场规制是指国家通过制定行为规范引导、监督和管理市场主体的经济行为，也同时规范约束政府监管机关的市场监管行为，从而保护消费主体利益，保障市场秩序，具体表现为完善市场规则、有效地反对垄断、制止不正当竞争、保护消费者权益等。

4. 社会保障关系

社会保障关系是指国家通过立法对国民收入进行分配和再分配，对社会成员特别是生活有特殊困难群体的基本生活权利给予保障的社会安全制度，要实行社会主义市场经济必须建立多层次的社会保障体系，具体表现为劳动法、劳动合同法和社会保障法等。

（三）经济法调整的必要性

当代中国法律的重要缺陷之一是其技术性因素较差，从而导致法律调整无法形成理想的法律秩序。我们研究经济法的调整方法必须紧密联系与之相关的经济法的本质属性和经济法的调整对象。经济法的调整方法与经济法的本质属性、调整对象相互联系，表现出于其他部门法的差异性。

在市场经济条件下，民法和经济法是两个重要的法律部门，他们共同作用于社会经济关系：有互补性，但其调整对象、价值目标各有侧重。民法以个体利益为本位以"市场之手"实现经济调控，以保证个体利益的实现进而达到社会利益。经济法以社会整体利益为价值取向，以"国家之手"不断干预经济生活，对民事权利做出适度限制，在尊重社会个体利益的同时，强调维护社会的整体利益。

经济法与民法的价值取向的差异，决定了二者的本质不同，因而其调整方法有明显的差异，民法以个体的自由平等为基础，主要运用自愿、协商的非强制性的民事方法。而经济法强调社会经济主体应负担一定的社会责任通过"国家之手"调节经济关系，实现社会的整体经济利益。

经济法的调整对象亦不同于民法，民法调整的是平等主体的财产和人身关系，在市场经济条件下，市场主体的垄断行为、不正当竞争行为民法是无能为力的，国家伸出强力之手，规范市场秩序，市场行为规制关系是经济法的调整对象之一。另外市场调节是资源配置的有效手段，但单纯的市场调节无法解决产业结构布局、经济可持续发展、国民经济的整体健康运行问题，这需要国家动用各种经济手段（财政、税收等）进行宏观调控，宏观调控经济关系也是经济法的调整对象之一，无论是宏观调控经济关系，还是市场行为规制关系，都体现了国家干预经济的职能。因而从经济法调整对象看，其调整方法的重要特征是国家对经济生活的干预。

二、现代经济法调整观念的转变

政府必须干预市场经济的理念，经过历史和现实的印证已经成为各国治理社会、发展经济的共同思路和选择，不同的只是政府干预的程度、方式和方法。通说认为政府干预经济的手段主要有经济手段、行政手段和法律手段，把最具权威的法律调整放在与经济手段、行政手段同一层次上加以认识。这种观念对于法治社会和法治理念的构建产生了消极影响。根据法治主义的原则，国家进行经济调节的任何一种手段都应该是一种法律手段，不应当存在法律手段之外的其他手段。将经济手段、法律手段和行政手段三者并列，有可能让人产生法律手段、经济手段和行政手段可并行使用的误解，而经济手段与行政手段本身也不是按照同一标准划分的两种干预手段，不宜并列表述。

首先，市场经济的法治化要求政府干预经济的行政手段必须转化为法律手段。政府管理经济的行政手段表现为以"行政权力"为中心的国家经济统制，这是一种典型的"人治"秩序。在人治类型秩序中，由于倚重个别精英的聪明才智或超凡能力，致使效率与公平的关系处于不确定状况，很大程度取决于个别领袖的判断与偏好。行政手段来源于行政决策的指令，依赖于行政机关的实施，而行政决策受多种因素影响容易出现失误和偏差，导致政府行政干预手段的滥用和干预市场经济的负效应。

20世纪资本主义社会经历了从消极行政到积极行政的演变，行政权力的扩张虽然在一定程度上满足了社会现实需要，使得市场得到政府公共权威的协调和保护，但行政权力不合理的增长和被滥用也使得个体利益受到侵害的可能性增大，因此，政府行政干预与市场主体的自由权利冲突在市场经济中始终存在，单纯地运用行政手段干预市场是一种无节制、危险的干预活动，必须把这种手段上升为法律手段，通过立法的规定性，使政府的行政干预合法化、程序化和责任化，才能杜绝行政手段的随意性和无制约性。政府行政无法律明文规定不得为之，无法律依据的政府行为在法治国家不具有法律效力。

其次，经济手段的抽象性天然地必须转换为法律制度才能得到贯彻和实施。政府对经济的干预尤其是对宏观经济的调控往往运用经济手段，即从经济体系中找出几个关键的经济变量作为杠杆，通过制定经济政策对宏观经济运行加以影响。只有那些关键变量具有杠杆性质能对国民经济"牵一发而动全身"的因素才能构成宏观调控的经济手段，如财政、货币或者产业的经济变量等。经济调节手段不仅操作性弱，且涉及面广、影响深远，它要求国家在运用经济杠杆干预市场时必须充分注意"善良管理"义务，慎重行使权力。为防止政府在推行经济手段干预市场出现的决策冲动和混沌，有效发挥经济手段在调控经济中的作用，也必须使经济政策的内容、手段法律化，使经济手段上升为法律手段，以法律的手段来贯彻、落实经济政策的思路和理念。

最后，法律是一种强制性的行为规则，法律手段中的法律责任归宿是任何行政手段或经济手段所无法效仿的，法律责任对主体行为的制约和威慑也是其他手段所无法产生的。政府对市场的宏观调控和微观规制，关系国计民生，影响社会全局，必须通过责任的归咎才能达到"慎行"的目的。人的责任心与法律责任成正比，法律责任越重，人的责任心越强；法律责任越轻，人的责任心越弱；没有法律责任就没有人的责任心。为了杜绝政府干预经济中的马虎草率、主观任性、不负责任的现象，也为了昭示市场规则的严肃性，必须追求行政手段、经济手段的法律化。

国家职能的实现形式分为法律形式和非法律形式。法律形式所反映的是国家与法之间不可割裂的相互关系和互为依存性，强调的是国家必须严格地在法律框架内实现自己的职能。法律形式在实现职能这一事实本身中和在其发展水平上，反映着国家在自己的日常活动中利用或不利用法律手段的意愿程度。其中还反映着执政的社会阶层或集团由于各种各样的原因而为民众接受或不接受的程度，借助于法在国内创建的社会经济制度和政治制度的稳定程度，以及他们对于严格地在法律和宪法的框架内行使自己的统治权的意愿程度。

实现国家职能的非法律形式是指国家的或非国家的机构和组织在法律形式之外开展的以实现国家职能为方向的实际活动——组织活动或其他活动。在市场关系高度发达的社会政治体系中，占主导地位的是国家通过对非国家机构和组织——法人的活动进行的法律调控来间接地干预经济；而在市场关系弱小或根本没有发展起来的社会政治体系中，由于各种主客观原因，占据主导地位的就是国家对经济的直接干预，即国家直接在经济领域里展开的各种形式的活动。政府行政权力对市场的直接介入就是这样的一种现象。

政府干预市场的三种手段不应是一种并列关系，而应是一种包容关系，即经济手段和行政手段是包容在法律手段之中的，行政手段和经济手段都必须采用法律形式。国家的干预有对宏观市场的宏观调控，也有对微观市场运行的市场规制。在成熟的市场经济中，无论是市场规制还是宏观调控，都不是国家的任意行为，都需要法律化，需要通过法律手段来实施。在转轨型国家，对经济的调节也正由过去的单一行政干预变为行政、经济和法律三种调控手段同时使用，并逐步过渡到以法律调控为主的轨道上去。

经济法就是国家因应市场诉求开展经济调节的法律表现，如有效竞争机制和竞争政策——竞争法；合理经济结构和行业（区域）结构政策——中小企业法和投资法等；总体经济运行时的金融政策、货币政策——财税法、金融法等都是适应市场经济发展需要的国家经济调节从政策到法律不断提升的过程。

上述分析表明：基于市场失灵的内在机理，克服市场失灵的途径是独立于市场机制的外力干预，国家以其独有的强制性、权威性成为当然的调节主体。但鉴于政府干预面临失灵的危险，国家运用公权力对市场的干预不宜以行政手段长驱直入，法律手段才是最好的选择。在我国现阶段的国家经济调节中，行政手段对市场的强力干预仍然突出，政府对经济活动的直接参与增多，行政干预色彩增强，这主要表现在：一是政府直接投资规模的扩大，持续时间较长。政府部门对投资的调控偏重于项目审批，由于投资决策与风险责任不对称，决策者利益与项目效益没有密切联系，影响了投资的效果。二是出现过度干预的现象，如不恰当地限制市场准入、控制市场价格；三是为防止新的经济过热，在信贷资金和土地批租方面的数量、规模控制等直接的管理方法开始恢复。难怪国外学者由此得出中国的经济调节不是经济调控而是行政调控的结论，经济出问题就下文件、发通知、检查、干预、叫停，副作用很大。这在一定程度上证明国家对市场进行调节过程中，改变传统方式，树立法治理念，变权力干预为法律治理任重而道远，新兴的经济法就是挑起这副重担的法律。

三、现代经济法调整方法

（一）经济法调整方法的定义

传统法理学的一般观点认为，划分法律部门的主要标准是法的调整对象，同时还应适当考虑法的调整方法。法的调整方法是指法在调整社会关系时所采取的基本方式和手段。其显著特征是：这种调整方法是国家制定或认可的，并由国家强制力保证实施。法的调整方法作为划分法律部门的重要标准之一，从内容上看，它至少由两个部分组成：其一，规定人们的行为模式。行为模式可以授权和禁止、命令的形式来规定权利和义务，相对应的法律规则也有三种：任意性规则、提倡性规则和强制性规则。其二，规定人们违反或遵守行为模式所导致的后果。法律后果可以说是对权利义务的再分配，法对法律后果的规定是确定人们违反法律所规定的行为准则时所应承担的责任、履行方式，以及在人们遵守行为准则时法律所持的态度和采取的措施。如果人们违反任意性和提倡性规范，法律既不需要规定法律责任，也不需要采取制裁方式；如果人们违反强制性规范，其后果有三种：承担法律责任、免予承担法律责任、不予承担法律责任。可见，在现代社会的法律制度中，权利义务的形成和行使方式是多样的，相对应的法律后果也各不相同。法律对人们行为的调整主要是通过权利义务的设定和运行，并辅之以相应的法律后果来实现的，即法律通过规定人们的权利和义务来分配利益，通过规定法律后果来对这种分配加以保障，这样可以影响人们的动机和行为，进而影响社会关系，如：权利以其特有的利益导向和激励机制作用于人的行为，并且权利可以诱使利己动机转化为合法行为并产生有利于社会的后果。

经济法的调整方法是指经济法在调整国家经济调节关系时所采取的行为规范方式和法律后果形式。要准确地把握"经济法的调整方法"的涵义，首先要注意区分"经济法的调整方法"和"国家协调经济的方法"这两个概念。"国家协调"

是指国家运用法律的和非法律的手段，使经济运行符合客观规律的要求，推动国民经济健康、有序地发展。在这里，协调的主体是国家；协调的对象是经济运行；协调的方式以法律手段为主，非法律手段为辅；协调的目的是使经济运行符合客观规律的要求，推动国民经济的发展。可见，经济法只是国家在协调经济运行的过程中使用的法律手段之一。其次，要正确地认识"经济法的调整方法"与传统"民法的调整方法""行政法的调整方法"以及"刑法的调整方法"之间的关系。民法调整的是平等的公民和法人之间的财产关系和人身关系，其任务是保障公民和法人的合法的民事权益，维护民事主体之间正常交往秩序，因此，其调整方法以任意性规范为主，辅之以一些强行性规范，其法律后果主要包括等价补偿之类的民事制裁，这种制裁的功能主要在于救济当事人的权利，赔偿或补偿当事人的损失，从而使被侵害的社会关系回复到未被侵害之前的状态，因此多数情况下可以由当事人协商决定。行政法调整行政管理关系，其任务是保障国家行政机关的行政组织活动顺利进行，维护行政管理秩序，因此，其调整方法以强行性规范为主，配合使用一些提倡性规范；其法律后果采用行政制裁与行政奖励相结合，行政制裁主要包括针对行政相对人的行政处罚和针对行政机关内部人员的行政处分，它比刑事制裁轻，与民事制裁也不同，行政奖励以授予荣誉等精神奖励为主。刑法调整的是犯罪、刑事责任和刑罚关系，其基本任务是预防和惩罚犯罪，维护一定的统治阶级的统治秩序，这就决定了刑法所采用的主要调整方法必然是强行性规范和否定式法律后果，强行性规范中尤以禁止性规范为主，否定式法律后果中又以刑事制裁为主，这种制裁是最严厉的，包括财产刑、自由刑甚至生命刑等刑罚手段。由于各种社会关系总是互相关联的，各个部门法的任务也互相衔接、互为补充，经济法与上述传统部门法的调整方法有着密切联系，它们互相衔接、互相交叉和互相参用，任何一个领域的社会关系都必须依靠多种调整方法的相互配合、有机结合才能实现其调整目标，达到最佳的调整效果。至于在调整某一类具体的社会关系时，这些调整方法如何组合，以哪一种为主，应依据社会关系的性质和调整的目标、任务来决定。

（二）经济法调整方法的特征

1. 经济性

法律作为上层建筑必然反映经济基础的要求，而经济法更是与一国的经济发展和国家经济政策紧密相连，因为作为"国家协调经济运行"之法，经济法是调整在国家调节社会经济过程中发生的各种社会关系，促进社会经济实现国家意志预期目标的法律规范的总称。它的调整对象发生在直接再生产领域，它从产生之初就蕴含着国家宏观调控经济、监督管理经济主体所要实现的目标、所要达到的理想，具有很强的政策属性，许多经济法规范最初就是以国家政策的形式出现的，还有一部分经济法是把经济制度、经济活动的内容和要求直接规定为法律。因此，经济法的调整方法具有比其他部门法的调整方法更强的经济性。经济运行具有自己的规律，人们不能创造、改变和消灭规律，但是可以发现、认识和利用规律，经济法在使用各种调整方法调整经济关系时，不能随意左右经济运行，而只能因势利导，力求把经济运行协调到符合客观规律的轨道上来。

2. 矫正性

由于经济法赋予经济法律关系主体以"具体的人格"而非"抽象的人格"，因此主体间的差异性在经济法中表现得特别明显，即不同主体在经济能力、认知能力、信息能力、技术能力或控制能力等方面存在差别。正是基于这种差别，经济法律关系往往不是平等主体间的关系，为实现不平等主体间的实质公平，在设计权利义务时就得向弱势的一方倾斜。例如，对消费者实行权利本位，而对经营者实行义务本位；给垄断企业以更重的义务，而给中小企业以特殊保护；在城乡之间、发达地区与欠发达地区之间，运用宏观调控手段扶持"三农"和欠发达地区的发展；在征税主体与纳税人之间，对征税主体实行控权措施。法律后果的矫正性主要体现在，设计非对等性的损害赔偿对受害人给予最大限度的救济的同时对侵害人给予最严厉的处罚和最有力的震慑；带有预警功能的法律后果能够最大限度地减少经济损失。

3. 全局性

犹如医生给病人治病，对人的某些疾病进行"头痛医头，脚痛医脚"式的治疗是可行的，但对绝大多数病来说，这种方式虽治得了标，但治不了本，容易复发，必须采用标本兼治的方法彻底根除。经济法的调整方法就是着眼于全局，并能标本兼治的方法。经济法调整方法的全局性是指经济法调整的重心不是市场主体的行为，而是整个市场结构和市场绩效，其最终的目的是最大限度地促进整个社会共同体的整体福利。在市场经济条件下，社会公共利益缺乏天然的关心者，多数人在多数情况下只会争先恐后去分享它，而不会以同样的热情去维护它。在利益最大化的驱动下，市场主体"分配财富"的动机大于"创造财富"的动机，他们"并不关注把'蛋糕'做大，而只是力图获得有限'蛋糕'中尽可能大的份额"。只有国家通过经济法的调整方法才能协调私人利益与社会公共利益的矛盾，消除那些妨碍社会公共利益实现的障碍，最终实现对全局性和公共性的经济关系的优化调整，实现经济法实质正义的价值目标。

（三）经济法调整方法的表现形式

从历史和现实的反思中我们应该认识到在市场经济的发展道路中既不能实行放任自由的市场机制，也不能实行集中管理的行政主导模式。要把国家干预和市场调节充分结合起来，经济法调整应负起重任。经济的调整方法是指由国家规定的，可用于干预经济社会的各种合理方式，到底包括哪些合理方式？无非是"国家之手"和"市场之手"国家在经济生活中扮演双重身份：一是经济生活的组织和管理者；二是以市场主体的身份参与社会经济。前者表现为国家作为权力者的身份，后者反映了国家特定的权利身份。无论是公权力参与还是私权力参与都对经济生活产生重大的影响。作为国家干预经济之法的经济法其调整方法主要表现为公权力的干预和私权利的参与。干预和参与是经济法调整方法的重要表现形式。

1. 干预

国家干预是指国家运用经济政策杠杆和经济行政管理手段对国民经济各领域进行调整和规制的一种行为。表现为宏观调控和直接管理。

宏观调控，主要采取经济方法，按照经济规律特别是价值规律办事，并尽可能地纳入法制程序，如运用税率、价格和利率等经济杠杆调节经济。这种调节一般有强制约束力，对市场主体而言必须遵守。但是市场经济条件下，经济民主的强化又必然要求政府减少干预。因而行政指导广泛应用于调节经济活动中。行政指导一般指国家为引导市场主体的经济行为符合国家既定的目标而实施的非强制性的调整方法，行政指导不要求市场主体必须遵守，但为了使其接受，政府一般以利益诱导的方式为之。如政府制定产业政策，指导主体为一定行为，发布信息等方式，使市场主体相信接受此指导虽然要负担一定的责任，但会从中得到利益。因而这要求国家的行政指导必须合理、科学、可信度高。

直接管理，由于市场机制的滞后性，为保护正常的经济秩序和良好的经济环境，国家有必要动用公权力管理经济，以有效实现国家调节经济的目标。国家通过命令、禁止、撤销、免除、确认和许可等强制性行政方法干预经济生活，这种调整一般针对的是具体的个别的市场主体。例如纠正某一经营者的不当价格行为，维护消费者权益的行为。这种调整方法对相对人而言必须服从，是一种强制性调整。

国家干预经济的方法与行政管理的手段被不少人相混淆，因为经济法中的大部分规范是要由国家各种行政机关来执行的。在我国的法律体系中，大部分的法律是由行政机关执行的。如计划、财政、税收、银行、海关等部门既是行政机关，同时又是执法机关，在调节国民经济的活动中《中国人民银行法》《审计法》《预算法》等，以经济法和行政法相交叉的形态出现：具行政法和经济法的双重属性，一些学者称之为经济行政法或行政经济法。

行政行为的实施主要是根据行政法规的各种权力手段，如命令、禁止、许可、强制执行和处罚等，而政府干预经济的行为除了对经济运行过程中的市场进行规制时采取直接的权力手段外，大量采用非权力手段，如指导、预测、规划、鼓励和契约等，并且随着市场经济的发展，政府的经济行为的重点将转移到以非权力手段的运用为主，间接的宏观调控应成为经济法的核心。

经济法从法律的角度反映了国家因素如何对市场经济秩序发生影响，行政管理从行政的角度规范行政机关如何领导和管理经济建设，我们在此讨论经济法调整方法和行政管理手段的关系是为了达到这样一个目的：国家经济管理机关及工作人员，要熟练掌握行政管理职能所必需的法律知识，特别是要提高运用经济法管理国民经济的意识和能力，努力实现国家提出的目标——"经济管理法制化达到较高水平"。

2. 参与

参与说的是国家投资举办企业事业等行为，这种参与是国家采取司法手段进行的，并非强制干预，国家是作为市场投资主体和经营主体的身份介入的。如国家经营自然垄断的行业，国家投资关乎社会公共利益的行业，投资基础设施建设，买卖国债，政府采购等一系列行为，这种参与是为了克服市场调节之不足而为之，以私权利的手段影响其他经济主体的活动，进而实现国家调控经济的目的。

我国是以公有制为主体的经济制度，而公有制中又以国有为主体，国家对国有资产享有占有、使用、收益、处分的权利，但国有并不等于国营，所有权与经营权可以分离，使国有企业积极参与市场竞争，使国家参与经济领域真正符合市场机制的要求，更好地发挥国家参与经济的手段。

另外，现代法律调整的一个特点是：在一个法律部门中，规定使用各种法律调整方法进行综合调整早已是大量存在的事实。现代社会的立法实践是：立法者为了达到对某一类社会关系的有效调整，往往在同一法律中将民事、行政、刑事等各种调整方法根据需要进行有机综合使用。经济法在调整国民经济关系时，有时亦需要适用民法的某些方法。如调整国有资产关系时适用民法关于所有权的一些规定，调整国家实行承包，租赁经营的国有企业关系时适用民法关于合同方面的规定。

调整方法作为一种技术手段应该是灵活的，经济法综合运用其他部门法在调整方法上并不否定其作为部门法的存在。经济法在同其他部门法在调整方法上的衔接交叉，参与或并用，并不妨碍它们在各自调整方法总体体系上的特定性。因为部门法的调整方法一般指它特定的、独有的方法，用哲学的语言讲是因为事物的性质是由矛盾的主要方面决定的。

第四章　现代经济法运行程序分析

经济法是实质理性法或称回应型法，而不是自治法或形式理性法，它的运行与民商法、行政法等传统法律的运行有很大区别。经济法的运行模式是对传统形式化法律运行模式的突破或背叛。本章内容从经济法运行程序概述、经济法运行程序的优化两方面对现代经济法运行程序分析进行了阐述。

第一节　经济法运行程序概述

一、经济法运行的理论基础

（一）法律运行

1.法律运行的概念

运行是事物的一种特殊的运动方式，它是一种周而复始、呈圆周形的运动。物质世界中大至天体、小至细胞都在进行着周而复始的运动。法律是一种特殊的人造的社会现象，旧法不断消亡，新法不断兴起，它表现为从产生、发展进而消亡的一种连续反复的运动过程，这一过程也是周而复始地进行的，所以可以将法律的运动状态称作法律的运行。法律的运行包括法律的制定、法律的执行、法律的适用和遵守等环节，在循环中又产生新的立法意图，推动新法的产生、旧法的修改和废止。

法律的运行既可指不同历史时期法律循环往复不断演进的宏观历史运动过程，也可指某一特定法律的具体微观运动过程。它是从法社会学的角度来对法律的动态运行进行考察，把具体社会作为背景来研究法律在社会中的形成、发展和作用程度。一般来说，影响法律运行的因素有很多，包括经济、社会、文化、政治和宗教等，还包括法律自身的因素，可分为立法因素、执法因素、司法因素和公民守法意识因素等。要分析法律的运行，就要具体研究上述各类因素对法律运行的具体影响。

2. 法律运行机制

（1）法律运行机制的概念及其辨析

机制是指运动体在运转过程中，各部件在时间、空间上互为因果的连接关系和运转方式。它是运动体的静态的结构和动态的活动的统一体，是关系和规律的集合体，强调的是运动体内部的系统性、稳定性和规律性。

法律运行机制是指法律在其周而复始的运动过程中，其运动各环节、各组成部分之间相互联系、相互作用的过程、方式及其体现出来的规律或原理。

法律实施机制是指法律实施过程中各阶段相互联系及其所体现的规律和原理。法律运行机制包括法律制定机制、法律实施机制（执法机制、司法机制和守法机制）和法律监督机制。

法律调整方法指法律为了对社会关系进行规范、引导和纠正而使用的方法，具体有指令性调整方法、修正性调整方法、参与性调整方法和引导性调整方法。

区分以上三个概念，有利于我们更准确地认识法律运行机制这一概念的内涵和外延。

（2）法律运行机制的分类

法律运行机制也可以使用类型化的研究方法，这有利于深入法律运行机制的内部进行分析和比较。根据所涉及的范围和对象，法律运行机制可以分为宏观运行机制和微观运行机制。

法律宏观运行机制是从法律宏观整体的角度，根据法律运行的五个基本环节，研究各个环节内部促进和保障法律运行的机制，具体分为立法机制、执法机制、司法机制、守法机制和法律监督机制。

法律微观运行机制是指小范围或只涉及部分运行环节的机制，它不直接依靠国家强制力为后盾，它依靠法律规范所特有的教育、指引和评价等功能使相关法律主体在追求自身利益的同时，法律的目的也得以实现。法律微观运行机制依据的是古典经济学"经济人"的假设，"经济人"具备利己性和有限理性。立法、执法、司法和法律监督最终也是由具体的个人去执行，个人在市场和政治两个环境中都具有利己性，都在进行交换，因此，根据公共选择理论和博弈论也可以分析立法、执法、司法和法律监督中的个人的行为，由此可以构建保障法律运行的全程的法律微观运行机制。

（3）法律运行机制的结构和功能

法律的运行是在一系列机制构成的有机整体的作用下进行的，作为一个有机体，法律运行机制必须具备如下结构才能保障法律的顺利运行：目标机制、决策机制、动力机制、调控机制和反馈机制。

目标机制是法律运行所要实现的宗旨和达到的目标，它像一条主线，体现了法律的基本价值取向和核心思想，它是判断法律运行状态的最高标准。

决策机制即立法机制，包括了具体规范的选择、各规范中权利义务的分配、程序的设计安排等。缺乏科学性、合理性的决策机制将会导致法律的先天不足，难以保障法律的顺畅运行。

动力机制是指法律运行的内在动力，也即法律的能量。一般认为，法律能量包括三方面的内容：①物质力量，表现为国家的强制力，与相关的国家机关的活动相联系，法律的运行实质上就是行使国家力量的法律形式。②精神力量，表现为法律自身所蕴含的科学性、逻辑性及其彰显的价值观等因素对人们的说服和影响力量。③惯性力量，表现为人们执法、司法和守法的习惯行为和心理态势所形成的后续力量。法律的良好运行不能完全依靠国家强制的物质力量来推行，更应充分利用经济人的利己特性构建法律内在的吸引力，来获得相关主体的自觉守法和对受损权利的积极救济。法律如能获得"看得见的手"和"看不见的手"的合力推动，法律的运行就具备了足够的动力。

调控机制是指在法律运行过程中国家机关凭借国家强制力执行法律的机制，包括执法机关的调控机制、司法机关的调控机制、法制监督机关的调控机制，这些调控机制必须互相配合，协调统一，才能保证法律的良好运行。

反馈机制是指在法律反复的运行过程中，各法律主体对法律运行状况的评价、总结和反思，以利于法律运行效果的不断提高。反馈机制也可以称为信息交流机制，反馈主体传递的信息是决策主体科学立法的依据，决策主体的立法意图和对执法的预期等信息又是执法、司法的准则。绩效评价机制、监督举报机制是落实反馈机制的主要方式。

3. 法律运行中的流失和防控

（1）法律运行中的流失

法律不是静止的，而是在不断地运动着的，法律的运动可以分为三个阶段，即应然的法、可能的法和实际的法。应然的法是指特定社会历史时期，与特定社会结构和发展水平相应的法的理念和立法思想。可能的法是应然的法的反应，具体表现为习惯法、制定法和判例法等既存规则。实际的法是人们在行动中实际遵从，在案件中实际感受到的法律。法的运动每一次经过一个阶段，都会发生量的减损，学者把这种现象称作法的流失。从应然之法到可能之法，会发生可能之法的流失，这是立法者的局限，从可能之法到实然之法，会发生可能之法的流失，这是执法人员和法官以及当事人在其法律行为的选择中的适法的偏离。法律的不断流失意味着法律意志及其代表的正义性在法律运行的各阶段被不断淡化，公民的权利和利益受到隐性或显性的减损，法律的功能不能完全发挥，法律的价值不能充分实现，法律机制的不断锈蚀最终影响到社会运行的稳定和效率。

（2）法律流失的防控

法律的流失是法律运行的伴生物、副产品。防控法律流失的根本出路在于实行民主和宪政，健全国家权力控制机制，完善公民的民主权利保障制度，赋予弱势群体应有的维权能力和力量。当法律存在我们每个人的心中并指导我们的行动，当政府成为保障我们的生活拥有更多自由的力量，法律就不会再流失，我们便可尽享法律保护下的平等与自由。

民主和宪政的实现依赖于一系列程序法的保障，程序法作为与实体法相对应的概念，指按一定的方式、步骤、时间和顺序作出法律决定的过程，程序从时间次序、空间方式和主体要件三个基本维度展开，从而使法律运行的各个部分形成紧密的内在关联。程序法的首要价值在于保障实体法内容和目标的实现，其次通过校正和弥补实体法的不足来单独实现法律价值目标。从发生学的角度来看，也是先有程序法而后才有实体法，所以，体现直接民主的正当程序法具有法律"元制度"的性质。英美法系国家对法律流失的防控，全仰仗法律对公民权利的周全保护，公民权利的保护并不是依靠细致精密的实体法规范，而是依靠宪法确定的、具体法律制度始终贯彻的正当法律程序提供的可见的过程。正当法律程序要求公权力的运行过程和方式必须公开透明，在任何时候都必须接受公民或称委托人的参与或监督，政府对公民权利的剥夺和限制必须遵循法定的程序并具有充足的理由。在一系列程序法的保障下，在法律主体交互行为和协商参与的过程中，法律流失的漏洞被全程封堵，法律的流失得到有效防控。

（二）经济法运行的基础

1. 经济基础

在自给自足的自然经济时代和商品经济发展的初级阶段，现代意义上的经济法不可能产生和运行，只有当商品经济发展到它的高级阶段即市场经济阶段，随着垄断的出现和发展，人们逐渐认识到市场也有自身解决不了的问题，即所谓市场失灵，为了恢复经济运行的良性发展，国家开始以"看得见的手"介入经济生活，针对导致市场失灵的经济外部性、公共产品、垄断等不同情况对经济运行进行调节和干预，这时，以保障政府干预为使命的经济法便应运而生。初期的经济法主要表现为反垄断法、战时经济法、危机应对经济法。到了20世纪70年代以后，国家干预也同样出现了失灵，国家干预表现出低效率、无效率甚至负效率，有些领域常常出现过度干预，经济发展缺乏活力。面对政府干预的失灵，市场无能为力，人们又不能简单地舍弃政府干预，只能转而通过法律对政府干预进行理性的规制，以求政府干预的高效率和实质正义。所以，现代经济法以克服市场和政府两个失灵为宗旨，最终保障社会经济的可持续的良性运行。

2. 法治基础

经济法作为回应解决市场和政府两个失灵问题、积极干预经济运行的新兴的独立法律部门，它要循环往复地不断运行，必须以法治社会的存在为前提，只有在一个民商法、行政法等传统法治较为成熟的社会，经济法才有可能产生和发展并顺畅运行，市场经济是法治经济这一说法正揭示了这一道理。

法治国就是用法律来统治的国家。从实质上看，法治国家中所用之法必须是良法，或称善法，从宏观的意义上讲，良法是符合社会一般正义观念，符合人类社会历史发展规律，并能推动人类进步的法。在各个具体的社会历史环境中，良法的标准是不同的，应具体分析。从形式上看，法治国家中所用之法必须具备公开性、明确性和统一性的要求。奴隶法制进步到封建法制的标志就是法律的公开和明确，封建法制过渡到资本主义法制的又一历史进步表现为法律面前人人平等，即法律的统一性或称法律的平等性。法律的统一性意味着法律不再是谋求少数人利益的强权工具，而是保障全民普遍福利的理性工具，这样的法律更具有普遍威信，并更能为广大民众普遍遵从。

法治国的两个基本特征即实质上的良法和形式上的普遍遵从，为经济法的运行奠定了法治基础，经济法是调整国家干预之法，它本身是对市场失灵和政府失灵的校正和弥补，本身代表了一种社会经济的整体利益、长远利益和实质正义。为了完成这种超然性的使命，经济法本能地要求一个良好的法治环境，如果国家对经济的干预恣意妄为，那么市场经济无疑面临雪上加霜的厄运，高度社会化的经济必将崩溃，社会必将陷入动荡。

3. 社会基础

经济法是整个社会规范系统中的一个小系统，其他社会规范系统的运行状况影响到经济法的运行状况，如果没有社会环境的支撑，经济法将难以运行。这些社会基础的外延十分广泛，包括经济、政治、文化和习俗等因素。

（1）社会经济发展水平

经济法是在社会物质生产发展到一定程度才产生的，经济法的运行也需要消耗社会资源，在国家缺乏足够的人力、物力资源去保障经济法执行的情况下，经济法将难以顺利运行。经济法的遵从也要花费成本，当人们缺乏足够的财力去遵守诸如环保标准和强制性质量标准时，经济法的运行也会受到阻碍。

（2）国家政党与政治结构

国家政治结构中立法、执法、司法的分立设置，权力和权利的对比关系，这些都会影响经济法的运行。经济法的运行与执政党的重视程度也有密切关系，党员的经济法制观念和党内监督水平等因素都会影响经济法的运行质量，这一点在我们国家有明显体现。比如在强势政府的政治结构中，经济法的运行以行政执法为主导，经济司法被弱化。

（3）风俗习惯和宗教传统

风俗习惯对经济法的运行有促进和阻碍两个方面的影响，比如经济发达地区的商业惯例有利于信誉制度的运行，农村落后地区的生育和养老观念就不利于保险制度的运行，中国传统的"和为贵"观念与"厌诉"心理则不利于竞争法和诉讼法的运行。

西方的宗教深刻影响着西方国家的社会生活的方方面面，甚至有人认为，正是西方宗教伦理激发了西方现代资本主义的兴起。从这种意义上说，西方的宗教传统促进了经济法的产生并推动了经济法的发展。

另外，人们的经济法意识对经济法运行的影响虽是潜在的，但却是全面、深刻的，我国的环境治理和资源保护法律在运行中遇到巨大障碍，就与民众在环境危害和资源危机方面的意识淡薄有关。

二、经济法的运行模式

（一）传统法律：形式化运行

法律形式化运行的模式是法律运用模式的一种，其强调的是法律运行过程中的形式合理性。并且，我国与近现代的西方的传统法律所采用的是此种运行模式。而对于法律的形式化运行来说，其基本动力就是经济因素和政治因素，同时其功能则是保障法律的权威性和可预测性，并维护社会的公平正义和公民的权利自由，此外还有利于法治的实现。

（二）经济法：实质化运行

法律的形式化运行在发展的过程中，遭受了来自法律实质化的冲击，而经济法则正是调和这种冲击的产物。经济法与传统法律不同的一点就在于，其采取的是实质化的运行模式。具体来说，经济法的实质化运行主要表现在以下几个方面：一是经济法的法律内容具有标准性特征；二是经济法的法律推理具有实质性特征；三是经济法的法律职业具有复合性特征；四是经济法的法律机构具有独立性特征。此外，我们应当注意的一点是，经济法的实质化运行相较于传统法律的形式化运行来说，其并不是一种倒退，而是一种循环中的进步，是现代法律发展趋势的体现。

经济法实质化运行模式也带来的一些风险。

（1）观念上存在一些障碍

以实质化运行为主要运行模式的经济法，从根本上来说是为了解决形式法所带来的市场失灵的困境而产生的，其可以说是一种回应型法，强调的是政府的积极干预。但是，虽然政府应当对市场进行干预，但这种干预应当把握好度。然而现状却是走向了两个极端，有人主张应当将经济法的实质化趋势绝对化；也有人主张应当将经济法的实质化趋势边缘化。这两种观点的存在都不利于促进经济法在未来的发展，也不利于处理好经济法与传统法律之间的冲突。

（2）经济法的实质化运行与传统法治理论之间存在冲突

对于经济法的实质化运行来说，其理论的最根本之处就在于对法律形式主义予以反对；而与之相反的，以法律形式化运行为代表的传统法治理论，却是极为看重法律形式化对法治实现的重要作用的。由此，这两者之间就产生了一定的冲突，而这种冲突则具体表现在经济法的模糊性与法治的确定性、经济法的开放性与法治的自治性、经济法的非常态性与法治的普遍性，以及经济法的国家干预正当性与法治的正当性这四个方面。

（3）经济法的实质化运行与司法的形式化特性之间的冲突

对于经济法的实质化运行来说，其除了与传统法治之间存在冲突之外，与司法的形式化特性之间同样存在较大的冲突。就近现代司法模式的建立而言，其基础就在于形式理性法的有效运行，而以实质化为核心的经济法在运行过程中就给现有的司法模式带来了冲突。具体来说，此种冲突主要表现在经济法所具有的创新性、开放性和扩散性等方面的特征，给司法的保守性、独立性和能力局限性等特征的实现所带来的冲击。

三、经济法运行机制

经济法运行机制，对于经济法的实施和作用的发挥，对于经济法价值的实现，对于社会经济的持续快速健康发展，都具有重大意义。首先，经济法运行机制是经济法的运行机制。按照法理学关于法律运行机制的界定，立法也是运行机制的一个环节。我们讨论经济法运行机制必须明确排除经济立法机制；其次，经济法运行机制不同于经济审判、经济行政执法及经济仲裁等。经济法运行机制是通过一些具体的实施手段和方式即一系列要素的相互关系和运动来体现的。经济法运行机制高于这些单行方式，是这些方式及其功能的综合和抽象；最后，经济法运行机制不同于经济法的具体调制机制。经济法中的宏观调控机制和市场规制机制，即调制机制是对市场经济宏观调控和市场规制的法律化。经济法运行机制的建构是为了使调制机制发挥作用，而绝不是调制机制本身。

（一）隐性机制与显性机制

从经济法作用发挥的方式来看，可以把经济法运行机制分为隐性机制与显性机制。任何一部经济法，从它被制定出来并颁布的那一刻起，它就已经开始发挥作用了。这种作用是无形的。从法理学的研究来看，法的实施是指法在社会生活中被人们实际施行，有三种方式：守法、执法和司法。经济法的运行也不外由这三个阶段构成。所谓经济法运行的隐性机制，即经济法的遵守，表现为经济法主体自觉自愿地按照经济法的规定去做，没有看得见的外力强迫。其结果就是一种良好的秩序得以形成。这是经济法运行的理想状态，这种机制能否发挥作用往往取决于经济法主体在自己目标指引下对于守法结果的预期和违法成本的权衡，并不构成经济法运行的常态机制。实践中，经济法主体包括调制主体和调制受体，总是试图规避经济法的规定。于是，大量的经济法违法行为出现了。享有调制权的调制主体，在生活中大量表现为具有经济管理职权的行政主体，通过经济执法行为影响调制受体即市场主体的行为，进而实现经济法的调制目标；当调制受阻时，一般要赋予调制主体请求司法救济的权利，即提起司法诉讼。而这种调制行为一旦超出经济法的规定，即为违法调制时，调制受体即市场主体则有权向有关机关提出要求，请求行政的或司法的救济。无论是经济法执法行为、行政救济行为（二者往往具有"准司法性"），还是司法救济行为，都体现着国家权力的介入，即行政权和司法权的介入，国家强制力已经从隐性机制调整时的后台走上了前台。所以把经济执法、行政救济和司法救济统称为经济法运行的显性机制。隐性机制体现的是经济法本身对人们的影响，是由经济法自身的客观属性决定的，由经济法主体主动选择，具有主动性；显性机制则是由国家公权力介入而形成的，是对隐性机制的补充，具有被动性，是经济法运行的最后保障。

（二）非诉讼机制与诉讼机制

以经济违法行为为边界，可以把经济法的运行分为非诉讼和诉讼阶段（仲裁等"准司法性"方式属于广义的诉讼），与此相对应，经济法运行机制可以概括为非诉讼机制与诉讼机制。

现有的研究多集中于诉讼机制，主要是经济审判，把经济审判作为追究违反经济法法律责任的司法制度，认为对于经济法而言，经济审判及其运用既是经济法适用的一个重要层面，也是经济法功能释放的基本渠道。

研究诉讼机制与非诉讼机制，经济违法行为是一个核心范畴，科学地界定这一范畴是确定经济法运行的诉与非诉的边界。有学者认为经济违法行为是法人、非法人组织、个人违反我国经济法律、法规的规定，侵犯国家经济利益、扰乱社会经济秩序，法律、法规规定应受处罚的行为。这个定义把经济违法行为的客体限定为国家经济利益和社会经济秩序，从而在经济违法行为和经济法之间建立起了联系。但其对经济违法行为的主体、客观行为等的界定则已经落后于经济法理论的发展，多有不妥。经济违法行为就是经济法律关系主体包括调制主体和调制受体违反经济法律法规的行为，具体而言，包括调制主体违法调制行为和调制受体违反经济法律法规的行为。调制主体违法调制行为侵害的客体主要是调制受体的利益，同时也侵害了国家经济整体利益，对此，调制受体可以自己的名义依据行政法的相关规定直接提起行政诉讼，当调制行为为可诉具体行政行为时；或者依据相关经济法规定提起经济诉讼，当调制行为为不可诉具体行政行为时。当然，最好是以统一的经济审判庭归并这两种诉讼，以实现诉讼经济、诉讼便宜。而对于调制受体的违反经济法律法规的行为，则一般是先由具有"准司法权"的调制主体处理，严格地讲这还不属于诉讼。只有当调制主体的处理无法达到目的或者调制主体怠于行使调制权时，诉讼才会被提上日程。而这种诉讼如何提起，谁有权提起，如何进行，尚需大力研究。

（三）正式程序机制与非正式程序机制

正式程序机制主要是指有法律明确规定的调制主体的调制行为机制和诉讼机制，是经济法运行的常态机制，比较容易理解。我国素有"厌讼"传统，大量的纠纷往往在以国家权力为基础的正式程序缺位的情况下就得到了解决。一直以来，人们都认为这是封建法律文化的遗毒，与现代法治精神相违背，进而大加挞伐。但在批判的同时，我们也应看到其合理的一面，比如节省了大量司法资源，可以更有效地定纷止争、维护社会的和谐。对此，我们也应认真借鉴。社会学研究表明，在任何组织中，除了占据主导地位的主流文化以外，各种非主流的亚文化是广泛存在的。要使组织更有效地运转，除了依据主流文化建立起正式的组织章程等规约外，充分利用组织中的各种亚文化，发挥非正式团体的作用，采取各种非正式程序如调解、妥协等解决组织发展中的问题，往往更为重要。这种观点早已被组织行为学采纳并为众多现代企业的实践所证明。受此启发，在经济法的运行是否可以采取一些非正式程序，建立起非正式程序机制呢？答案是肯定的。经济法是以社会为基本的法，其重要手段就是通过对市场主体的行为进行宏观调控和微观规制实现社会经济的和谐发展。而市场主体的盈利性则驱使着他们主动与调制主体接近，并试图影响调制主体的行为。这就为非正常程序机制发挥作用提供了平台。同时，由于经济法担负着使经常变化的政策法律化并落实的责任，各国一般都尝试在法律条文中规定不同于一般行政或诉讼程序即正式程序的非正式程序设计，赋予执行机关较大、较具有弹性的执行权力。

相对于正式程序机制而言，我国经济法运行的非正式程序机制更不完善，更缺乏理论的研究。当前，我国经济法运行的执法机关主要是经济行政机关，还包括一些具有行业管理职能的事业单位、行业协会等。执法主体的缺位、越位与知法违法等现象，并不是什么稀奇的事情。对于我们这样一个有着深厚的司法与行政合一的人治传统的国家来说，或许我们不缺开展非正式程序活动的理念和实践。当前我们最需要做的，是在法治精神的指导下，认真研究非正式程序的发动主体、程序规则，以及与正式程序的衔接等问题，进而规范非正式程序，使之不至逾越法治的界限，以更好地推动经济法的运行。

四、经济法程序

（一）经济法程序的概念

界定经济法程序，绕不开其上位概念：法律程序。最初，多数人认为法律程序就是诉讼程序。依此种逻辑，法律程序的界定当以诉讼程序的概念阐述为主体。而后，人们逐渐意识到，这是一种较为狭隘的理解。法律程序不仅仅包括诉讼程序，还应当包括除诉讼程序之外的其他法律程序，比如行政程序和立法程序。因此，有必要在法律程序新认识的基础之上对其进行一个较为完整、科学的界定。对此，有学者认为法律程序是人们进行法律行为所必须遵循或履行的法定的时间和空间上的步骤和方式。这一界定，大体是学术界的通说，较为科学地反映了法律程序的新认识，其涵盖性自是不必多说。

从法律程序的概念我们可以得知，法律程序具有如下特征：首先，法律程序所指向的对象是法律行为。实际上而言，法律程序就是一种不同于实体法的形式性的规则。既然是一种规则，其所针对的对象也就必然是一种行为。其次，法律程序具有法定性，具有强制力。法律程序由实定法加以规定，一经产生就必须遵守，任何人都不得违反，否则就要受到惩戒。最后，法律程序是一种空间和时间上的要求，以法定的空间和时间为基本要素。作为法律程序在经济法领域的具体化，经济法程序同样具备以上一般特性。然而，经济法程序毕竟是具体领域的法律程序，也有其自身领域的独特性。其独特性的主要体现是：经济法程序所指向的对象是国家经济调节行为，以期实现对国家经济调节行为的控制、约束。具体而言，这里的国家经济调节行为主要包括经济立法行为、经济执法行为，以及经济司法行为。因此经济法程序的界定应当将法律程序的一般特性和经济法程序领域的独特性结合起来加以考虑。据此，我们认为，经济法程序是由法律所规定的国家在进行经济调节管理过程当中应当遵循或履行的时间和空间上的步骤和方式。

（二）经济法程序的类型

经济法程序所指向的对象主要是经济立法行为、经济执法行为，以及经济司法行为。因此，经济法程序就可以按照其指向对象的不同划分为经济法立法程序、经济法执法程序，以及经济法司法程序。

1. 经济法立法程序

经济法立法程序，一般是指拥有立法权的国家机关在制定、修改和废止经济法法律的过程中所应遵循的活动方式和步骤，大体的程序内容是：提出法律议案、审议法律议案、通过法律议案，以及公布法律议案。从表面上看，经济法的立法程序与其他部门法的立法程序并无二致，然而，事实却并非如此：经济法立法程序相对于其他法律的制定程序而言具有更为明显的开放性、参与性。众所周知，经济法的立法行为直接产生经济立法文件，是对社会总体经济的一种抽象调节。这样一种抽象调节，与具体调节相比，对社会公共利益的影响是反复的、持续的。因此，经济法的立法程序设计就相应地加大程序的开放性和参与性，使更多利益的相关者可以加入到经济法立法的过程当中去，形成最终的合意，从而从源头上维护公共利益。

2. 经济法执法程序

经济法执法程序，指的是国家经济调节机关在执行经济实体法，履行其国家经济调节职能时应当遵循的法定步骤与方式。在经济法执法程序的大家庭中，既有传统的执法程序即行政程序，又有独具特色的执法程序。其中，行政程序主要指的是行政许可程序、行政处罚程序、行政强制程序，以及行政复议程序；而独具特色的执法程序的典型代表则是反垄断法的执法程序。事实上，经济法的执法程序还可以划分为市场规制法程序、国家投资经营法程序，以及宏观调控法程序，这一划分较好地对接了经济法的三个不同组成部分。

3. 经济法司法程序

经济法司法程序，其指的是司法机关在处理经济法纠纷时应当遵循的法定步骤与方式。司法机关作为一种特殊的调节主体，其对社会经济的调节主要是通过解决经济法纠纷来实现。在这一过程当中，必须有一套与之相匹配的司法调节程序，才能保证司法机关的特殊调节行之有效。以上都是从司法机关的角度来说的，我们却不能忽视一个事实：司法机关自诞生以来，具有明显的被动性，若没有相关主体的程序启动行为，其就不可能接触到所谓的经济法纠纷，故而就不可能实现社会经济的司法调节。因此，司法机关的经济调节离不开相关主体的配合行为，即针对经济法纠纷向其提起诉讼的行为。在这样一个层面上，经济法的司法程序又可以称之为经济法诉讼程序。在经济法的诉讼程序过程中，利益相关主体针对侵害经济公益的行为向司法机关提出控诉，引入司法机关，在多方主体的参与之下，处理好经济法纠纷，实现对社会经济的调节目标。

（三）经济法程序的主要机制

1. 对话与交流

（1）对话和交流是和平解决矛盾的基本手段

矛盾是普遍存在的，是事物发展的根本动力，解决矛盾成为人类社会实践活动的主要内容。从总体上看，解决矛盾的方法有两种：其一是极端的破坏式的方法，表现为战争和暴力形式，其二是温和的建设性的方法，表现为对话和交流。法律程序正是对话方式的制度化和格式化编排。社会意义上的对话并非仅指一问一答，它是特定社会历史背景下社会主体之间就特定的利益冲突进行的思想交流。各方共同致力于建立一个共识。以实现现在和未来之间的最佳转换。实质意义上的对话表现为权利和义务的分配，任何法律规范和决定所分配的权利和义务的有效性都必须通过自由的程序共识和对话论证才得以证明。法治政府无论是对社会经济生活的适时干预，还是对民间私人利益的事后救济，都必须与相关社会主体进行广泛的对话和交流，通过充分说理使各方心悦诚服，这样才能保证具体裁决的内在正当性和外在时效性。

（2）对话和交流在经济法程序中的意义和价值

与民商法相比，经济法的公共意志色彩更浓，它的立法内容、执法决定和司法裁决的正当性并不能依靠自身来证明，而取决于他们的产生程序是否是对话和交流性的。在立法过程中，在民众的对话——选举的基础上形成立法机构，立法机构的成员平等地参与法律规范的发现和创造。在执法和司法过程中，国家公务员和法官并不能创造法律，而只是适用立法中已经论证同意了的法律规范，对法律规范的具体解释和特定的法律事实的认定，也是经过当事人的对话、质证和最终同意的。因此，在现代民主法治社会中，经济法所调整的国家干预经济的公共决策活动，都必须经过对话的证明和支撑。在宪政史上罗斯福的著名的"炉边谈话"，体现了政府与公民之间在身份与话语上的平等关系，显示了美国政府以对话促成社会契约的治国理念。

2. 谈判与妥协

谈判是法律主体双方或多方为消除分歧而交换意见，为谋求共同利益而相互磋商的行为和过程。妥协是一种权力和利益的让渡和交易。法律的制定、适用和救济体现了各种社会力量冲突与妥协的基本要求，它与冲突中的各方地位、最后的力量对比和结构状态密不可分，法律的运行和进化都是由社会诸势力之间的平衡关系的变迁决定的。妥协有两种方式：其一是通过各方修正各自的观点主张从而达成共识的妥协，比如商业交易。其二是各方通过搁置争议、求同存异而达成局部共识的妥协，比如在外交和立法领域。作为契约化的信息交流方式和利益争端的解决技术，谈判和妥协可以格式化和制度化为各种各样的程序规则，不仅体现在私人民商事交易之中，也体现在政治领域。在法律制度中，听证是谈判的重要方式之一。

3. 自主或自治

自治是与他治相对的，指一定团体或地域的人群和个体，以同意和契约的方式管理自己的事务，在法律的权限内，他们的行为和决策不受国家权力的干涉。自治在纯粹的个人生活领域表现为主体对自己行为的完全自觉。在公共生活领域则表现为对公共权力运行的同意和认可。受社会契约理论的影响，人们对政府和公共权力合法性的认知从英雄崇拜、血统主义、神学政治转向人权哲学、宪政法治和正当程序。经济法所确认和保障的国家干预经济行为体现了以公共利益为基础的公共理性对个体理性的校正，它的自治性表现为两个层面：第一是指市场经济与国家干预、市民社会与政治国家之间的相对独立性，私权具有本原性，而公权则具有派生性和有限性，市场经济主体是一切经济行为的最原始和最终局的裁决者，政府只能保障而不能干涉他们的自治权。第二是指国家干预经济的公权力的运行本身不具有独立的自我价值和终极的自我目标，政府干预权是非本源的、派生的，是市场主体自治的一种手段，它的产生和运行必须经过原始权利主体的同意并接受全程参与式的监督。没有经过权利主体同意和参与的公权力的运行只能通过外部压制来推动，具有自我扩张和恣意侵犯私权的趋势，最终可能导致对权利的背叛和异化。以同意为核心内容的自主自治是经济法程序机制的基本理念。

（四）经济法程序的原则

1. 公开原则

经济法程序的公开原则是指政府所从事的经济职权行为，包括宏观调控行为和市场规制行为，除了涉及国家机密、个人隐私和商业秘密以外，国家经济职权的依据、具体内容、实施程序和救济监督等事项都必须向社会公众公开，使社会公众能有效地参与到国家参与经济的职权活动之中，确保国家经济决策的公正与科学。

国家干预经济活动的公开原则是现代民主政治和基本人权理论的基本要求，它具有重要的法律意义。它可以满足社会公众参政议政的意愿，实现权利主体的民主自决权。随着社会经济的发展，公民对社会公共事务的自决权的实现方式已从代议制民主转向参与式民主，从间接民主转向直接民主。公开原则是实现参与式民主、直接民主的前提和保障。阳光是最好的防腐剂，公开原则还能有效防止政府滥用经济职权，保证国家干预经济的正当和适度。经济法是一种超越传统民商法的具有矫正救济功能的规制法，政府被授予宽泛的自由裁量权，经济法的难题就是如何在授权的同时又能有效控制权力，使权力运行仅为克服市场失灵和增加公共福利服务，而不为谋取执法者的私利服务。这种权力实质化运行的风险不可能通过改造实体法得到化解，而只能依靠程序法特有的功能来控制。程序法的公开原则正是通过信息公开制度将政府的自由裁量权置于民众的监督和评判之中，促使其做出正当的选择。公开原则也可以增强国家经济职权行为的可接受性，提高干预的效率。国家强制力虽能强力推行国家的经济政策，但它不能消除公众因为被隔离于政策的形成之外和对政策的具体内容的无知而产生的对抗情绪。公开原则能有效消除上述阻力，降低经济法运行的道德成本或间接成本，提高干预活动的社会时效。

2. 公正原则

经济法程序的公正原则是指国家经济职权机关在进行微观经济裁决和宏观经济决策时，应当排除私人利益、思想偏见、主观臆断和特权思想，以公共利益为宗旨，平等对待所有的人和事，确保公正、中立、适度地行使经济职权。国家经济职权是公有物，而不是少数人的谋私工具，国家的治理是所有公民的共同事业。经济法程序的公正原则是国家干预正当性的过程保证和动态要求，具有重要的意义。首先，它可以保证国家对市场经济干预行为的合理性和权威性，公正的国家权力运行能得到公众的自觉认同和自愿服从，会取得良好的经济效益和社会效果，不公正的国家权力只是一种依靠暴力支撑的权势，而不会有内在的权威，其运行的内部成本和外部阻力都将很大，且不能持久地运行。公正的法律程序有利于社会关系的和谐和稳定。其次，程序公正原则指导下的国家经济职权的运行，有助于培养公民的法律信仰。法律信仰是法律运行的内在道德基础，是公民守法的根本动机。

3. 条件优势原则

经济法程序的条件优势原则是指国家经济干预职权机关在调控宏观经济和规制微观市场秩序的过程中，必须对具体的社会经济条件进行数字化的模拟和成本效益的分析，比较市场机制和国家干预的优势，然后做出符合公共经济发展规律的理性的决策。条件优势原则原本是审判程序中的基本原则，它指根据诉讼各方主张的诉讼请求和各方提供的证据材料的客观性、合法性和逻辑自治性的优势来确定最终的诉讼裁决。国家干预中的条件优势原则是通过理性的计算和分析对市场机制的"无形的手"和国家干预的"有形的手"在具体经济情境中的选择原则。它符合理性、公平和效率的经济决策要求，可以确保国家干预之下的整体经济的可持续发展，避免经济法沦为决策者强权和压制的护身符。

经济法程序的条件优势原则具有以下重要意义：第一，它为社会经济的选择提供了一个实体意义上的选择标准，也使法律程序与动态的社会环境保持及时的对应关系。第二，条件优势原则使现实的经济生活通过合法程序，对陈旧的或模糊的经济法实体规范进行潜移默化的补充和修正，实现经济发展与法律制度的同步协调。第三，条件优势原则要求国家干预机关在作出决策前对多种方案进行技术性的比较，然后再做出取舍，对复杂的经济形势通过程序上的简化和过滤，提高决策的效率减轻了决策者的主观负担，避免因犹豫不决而错失良机。第四，条件优势原则将国家经济决策和纠纷裁决中的非理性因素和主观因素降到最低，加快了信息的收集和流通速度，提高了决策的客观性和准确度，减轻了国家和社会对具体决策的监督检查负担。

（五）经济法程序的价值目标

1. 权力制约

在市场经济条件下，市场机制能够调节社会经济的发展，实现社会资源配置的优化，这样一种现象被称之为市场调节。可是，这种市场机制并非完美无缺，并在这种缺陷之下产生市场失灵现象。为了弥补市场机制的缺陷，防止市场失灵的发生，国家出手对经济进行调节，可以称之为国家调节。事实上，国家对经济进行调节本就是一种权力的行使，我们称其为国家经济调节权。作为一种弥补市场缺陷而为国家所行使的权力，其也不是万能的，因为国家在行使这一权力时也会滥用这一权力，即过多干预社会经济领域，导致社会经济的发展不稳定、不协调。这就是另外一种现象：政府失灵。从哲学上讲，这种失灵状况可从经济法的逻辑起点——集体有限理性——予以解释。为了防止政府失灵，必须对国家经济调节权进行合理控制。于是，人们制定经济法，利用法律思维对国家经济调节权既授权又控权，使得国家调节与市场调节共同配合，实现社会经济的稳定发展。

然而，仅依靠经济实体法很难锁住国家经济调节权这匹彪悍的"野马"，这里需要引入程序因素，即经济法程序。从上文可知，经济法程序可以分为经济法立法程序、经济法执法程序，以及经济法司法程序。其中，经济法立法程序自身的开放性使得立法主体之外的其他主体可以参与到立法过程中，实现对经济法立法主体的监督和制约，以防止其滥用调节权；经济法司法程序的设计也是多方参与，使司法机关在处理经济法纠纷时不肆意妄为，从而达到一种权力制约的效果。以上情况表明，国家进行经济调节的时候，经济法程序可以引入相关对方主体，使得国家经济调节权的行使受到他人的制约和监督。除此之外，经济法程序对国家经济调节权的行使方式，时间、地点等作出了明确规定，这要求国家经济调节权的行使应当按法定的时间、地点和方式。毫无疑问，这么做也可以制约国家经济调节权的行使。综上，我们认为：经济法程序价值目标之一就是权力制约。

2. 公众参与

国家对于社会经济的调节主要有三种手段，具体而言，主要包括：市场规制、国家投资经营，以及宏观引导调控。当国家以直接投资经营以及宏观引导调控的方式对社会经济进行调节时，会产生一些利益相关主体。首先，当国家直接投资经营时，国家利用自有的国有资产进入民间资本不愿意投资的领域，会涉及两个方面的利益相关主体：一个是对国有资本享有权益的民众；另一个是对该领域同样感兴趣的其他投资主体。其中，民众的利益相关是因为国有资产来自民众，应当受到民众的监督，从而保证国有资产的最大效用化；其他投资主体的利益相关是因为国家投资经营的领域很可能他们也感兴趣，希望能够投资。在这种情况下，他们是不愿意国家参与投资的，因为这意味着过分的市场干预。故而，他们希望发声。然而，无论是民众的监督，还是投资主体的发声，都需要公众的参与，否则，一切皆虚幻。其次，当国家对社会经济进行宏观调控时，其作出的决定具有抽象性，其针对的往往是公共经济领域的某一个方面。这样的宏观调控决定，类似于立法行为，具有反复的适用性，影响相当广泛，比如一个价格调控行为，很可能会影响到众多市场经营者的定价自由权利。宏观调控决定的影响广泛，表明受到这个决定影响的利益相关主体众多。宏观调控手段在决策后一旦实施，必然会引起社会关系间的利益变动，这是宏观调控所引起的直接社会利益关系的变化。为了实现宏观调控决定的科学性和合理性，保护利益相关主体的合法权益，作出决定的过程必须要有利益相关主体的介入，即公众参与。以上情况表明，国家对公共经济领域进行调节时，需要公众的积极参与。

对这一需求的回应，经济实体法似乎无能为力，可这不代表经济法程序对此也望洋兴叹。事实上，经济法程序中的听证程序就可以促进公众参与。具体而言，在进行国家投资决策时，引入听证程序，召开国家投资经营项目的听证会，允许民众和其他投资主体参与到听证会之中，广泛表达他们的心声，从而保证国家投资经营方向上的准确性和科学性，确保国有资产的使用符合社会公众的需求；在做出宏观调控政策方针之前，同样引入听证程序，让可能会受到政策影响并导致损失的主体参加听证会，积极表达对于该政策的建议，最终形成大家都比较满意的调控政策，实现对社会经济的准确调控，以维护社会经济的稳定。然而，并非只有听证程序可以实现公众参与，经济法的立法程序和司法程序同样具有相当的开放性，将利益相关主体引入到国家经济调节过程之中，实现社会公众的参与。综上，我们认为：经济法程序的又一价值目标是公众参与。

3. 经济效率

效率指的是资源配置使社会所有成员得到的总剩余最大化的性质。由于资源稀缺，人们趋利的无限性，就一项经济活动而言，最重要的事情是最好地利用有限的资源。此处的经济效率，指的是社会经济总体上的效率：社会经济在总体上协调、稳定和发展。那么，我们怎么样才能提高社会经济总体效率呢？具体而言：第一，应当优化资源的配置。市场资源具有稀缺性，能力不同的人会发挥该资源的不同功用，稀缺资源应当配置给最能发挥其功用的人，以实现资源利用的最大化，从而提高经济发展的效率。第二，市场机制的缺陷得到及时弥补。在市场机制的缺陷没有显现之前，市场调节十分有效，社会经济的发展是有效率的。可是，市场机制的缺陷一旦凸显，竞争开始不充分，市场开始不自由，价格机制开始失灵，整个社会经济陷入混乱之中，此时的经济是不效率的。这时，国家及时出手，对社会经济进行调节，弥补市场机制的缺陷，使市场调节恢复功能，从而变"不效率"为"效率"，提高社会经济的总体效率。第三，国家调节应受到严格约束，不能过分干预市场。这就要求我们恰当处理国家调节与市场调节之间的关系：该国家出手时才能出手，该国家退出时就应当退出，市场调节能够处理的国家不要干预。在这样的一个和谐的环境下，国家调节和市场调节一起，各司其职地维护社会经济的稳定和发展，从而提高社会经济的总体效率。

为了维护社会经济的协调稳定与发展，提高社会总体经济效率，经济实体法赋予国家经济调节权力，并对这样一种国家权力的内容和范围作出明确规定，从而既赋权又控权。然而，仅仅依靠经济实体法促进社会经济的总体效率，就像车子只有一只轮子一样，既走不远，也走不好。因此，应当引入新的轮子，即经济法程序。我们认为，经济法程序明确了国家经济调节权的行使的步骤与方法，使得国家经济调节权的行使有条不紊，富有理性，进而可以及时地弥补市场机制的缺陷，恢复市场机制的功能，提高社会经济的总体效率；与此同时，经济法程序关于国家经济调节权行使的步骤与方法，也是对该权力的一种程序性控制，与实体法控制一起严格约束国家调节，配合好市场调节以促进社会经济的协调、稳定与发展。综上，我们认为，经济效率也是经济法程序的一种价值目标。

4. 实质平等

平等，是一个永恒的话题，也是人们不懈的追求。最初，人们所关注的，是有没有享有同样的权利，有没有获得同等的机会，有没有平等的自由，这可以说是一种形式上的平等。为了维护和促进这种形式上的平等，人们制定法律，确认每个人相同的权利、同等的机会、平等的自由，并保证每个人都可以获得法律的平等对待。可以这么说，形式平等的法律确认以及实现是人们在追求平等的道路上的一次巨大胜利。可是，等不及庆贺，新的问题便产生了：在法律的形式平等之下，存在着事实上的不平等。虽然每个人的权利、机会和自由是平等的，但人与人之间的能力、地位并不相同，在同等的竞争条件之下，必然导致结果的不平等。这种结果上的不平等，就是一种实质上的不平等。为了纠正实质不平等，有人提出应当对社会弱者提供扶助。在社会扶助的作用之下，人与人之间可以实现相对的实质公平。从这里我们可以看出，实质平等的核心在于对社会弱者的扶助，又或者说是通过扶助社会弱者以实现实质平等。

传统的民商法律对形式平等加以确认，形成民商法秩序，这算是对形式平等的一种有效回应。那么，又有什么样的法律来回应实质平等呢？经济实体法就是这样一种回应实质平等的法律。众所周知，经济法是一种再分配法，其对民商法所形成的法律秩序进行再调整，关注在民商法秩序之下形成的实质不平等问题：其以实质平等为价值追求，促进社会收入的再分配，确保社会弱者可以获得救济。除此之外，我们认为，经济法程序在很多方面也对实质平等作出了回应。首先，在经济法程序当中，尤其是经济诉讼程序之中，往往会有一些向弱者倾斜的程序安排。例如，在消费者诉讼以及行政垄断诉讼之中，消费者以及经营者都属于社会的弱者，其在程序的设计上倾斜于消费者、经营者，打破诉讼权利义务实质上的不平等分配。其次，经济法程序中的法律援助制度也体现了实质平等的追求。与其他程序中的法律援助不同，这种法律援助不限于经济的困难者，而是辐射到地位相对而言的社会弱者，比如相对于经营者的消费者，相对于行政机关的经营者，相对于垄断企业的中小企业，等等。如此一来，在法律援助之下，社会的弱者受到了关怀，便是实质平等的一种彰显。综上，我们认为：经济法程序追求实质平等。

5. 保护经济公益

公益，是社会公民或者存在类似利益的社会公众所共同享有的，不直接涉及某个具体私益的独立的利益，具有非私有性质，侧重社会性、公共性和开放性。经济公益，则是公益的一种，其指的是存在于社会经济领域的，为大部分的经济主体所共享的经济利益。经济公益与市场中的每一个经济主体息息相关，一旦受到侵害，遭受损失的不是某个个人，而是与该经济公益相关的众多经济主体。比较典型的经济公益可能包括：相对稳定而不波动的市场，市场竞争自由与秩序，全民所有的资财，等等。以上经济公益都受到了经济法的殷切关注：允许国家进行宏观引导调控以维护市场发展的协调与稳定，要求国家对市场进行及时准确的规制以维护市场的自由与秩序，通过国家投资经营实现国有资财的增值。现实情况却并没有那么一帆风顺：宏观调控政策会失误，市场规制会不到位，全民所有的资财甚至可能会被私人吞没。此时，我们开始意识到：经济公益受到了侵害。

那么，在这种情况下该如何维护经济公益呢？我们都知道，在传统的程序架构里，以上经济公益的侵害都是适用内部程序加以监督处理而解决的。这些程序应该也是经济法程序的一部分，所以在这些程序的作用之下，实质上也达到了保护经济公益的目的。但是，这样做并不能很好地维护社会经济公益，因为内部程序毕竟不具有开放性，很难说做到了实处。因此，必须要有一套外部的程序来应对这样的公益侵害，经济公益诉讼由此登上维护社会经济公益的舞台。经济公益诉讼允许任何私人主体，依据经济法的授权，就侵害经济公益的行为向人民法院提起诉讼。具体而言，任何市场主体可以就宏观调控政策失误行为、垄断或者不正当竞争行为以及私自吞没国有资财的行为向人民法院提起诉讼，从而维护以上典型的社会经济公益。因此，经济法程序的最后一个价值目标是维护经济公益。

（六）经济法程序的基本制度

1. 主体制度

（1）经济法程序主体的内涵和范围

经济法程序的主体指参与国家经济职权的运行过程，对国家宏观经济决策和具体的经济裁决具有直接或间接影响，并承担行为后果的国家机关、公务员、社会组织和个人。法律主体是一切法律行为的实施者，法律关系的参与者和法律后果的承担者，是各种法律制度的核心和基础。

经济法程序主体的范围：第一，国家经济干预职权主体及其内部的职能机构，类似于美国行政法上的"第四部门"，以区别于一般行政法的主体，它是经济法程序的首要主体。第二，国家公务员，它虽只是一个代理人的角色，但个人的情感和其他社会关联性会影响其职务行为的客观公正性，程序法中的回避制度和责任制度就是为了校正公务员的个人缺陷而设置的。第三，当事人，是国家的经济干预行为所影响到其现实权益的自然人、法人和其他社会组织，在国家市场规制行为中，当事人是指具体的经济裁决行为直接针对的组织和个人，在国家宏观调控活动中，当事人是指该干预行为可能影响到的所有的市场主体。第四，其他参与人，指除上述裁决主体和裁决受体之外的参与到国家的经济干预活动过程中的证人、鉴定人、代理人和其他相关专家、学者、技术人员。专家咨询委员会、独立管制机构、立法助理、公务律师和类似于诉讼活动中的证人、代理人等已经成为保障现代社会公共决策公正合理的重要主体。

（2）经济法程序中各个主体的法律地位

传统法治观采用"主客二元论"的法律范式，认为政治国家和市民社会是二元分离的，从早期的管理型政府到现代的服务型政府，国家政府始终处在家长或本位的地位，而社会成员则处于仆人或相对人的地位，这就决定了传统法治的各种法律程序中国家机关和社会成员主从地位的结构模式和制度安排。实际上，国家虽是一个强大的实体，但国家的权力包括其对市场的积极干预权都不存在终极的意义，国家利益是非本位的，社会成员才是一切社会价值的主体和本源。所以，我们通过经济法所规范的国家干预实质是社会公众通过政府实施的"自我干预"，是经济法社会本位含义下的社会成员的整体自由和公共自主。可见，在经济法程序的主体制度中，传统行政程序法中作为相对人的公民、法人和其他社会组织处于核心地位，而国家经济职权主体则处于辅助地位，在设置和行使程序权力时要侧重保障公民参与公共决策和有关利益裁决的权利，突出公民作为国民经济的最终利益本源和国家经济职权归属主体的地位。

（3）经济法程序主体的程序权利和义务

国家经济职权主体及其公务员所享有的程序性权力：主持程序的进程，向有关当事人或利害关系人签发传票，接受各方提供的相关证据，记录证言，决定听证的进程，决定程序性请求和争议，依据笔录作出裁决。

国家经济职权主体的程序性义务：告知或通知的义务，公开义务，说明理由的义务。

当事人或利害关系人享有的程序性权利：诉请权，阅卷权，申请或参与听证权，委托专业代理人参加裁决的权利，复议申请权，起诉申诉权。

（4）经济法程序中公民行使程序权利的经济和制度保障

在传统法治模式中，公民权利的实现一方面依靠物质上对自身利益最大化的激励和追求，另一方面依靠制度上对公权力的严格形式主义的防御，公民行使权利所付出的努力与收获的利益一般成正比关系。而在国家经济职权干预行为中，公民个人行使权利的成本与其所获得的利益结果之间并无直接的对应关系，个人投入的努力与个人收益、社会整体收益之间缺乏经济学上的正相关激励，公民参与公共经济决策或具体公益裁决的积极性显然不如纯粹的私人利益行为高。经济法行为是为了协调社会宏观经济和保护社会整体利益，具有公共产品的性质，有很强的外部性和社会公益性。例如在公共经济决策中，如果参与决策的费用必须由参与决策的个人来负担，而决策的成果则由全体公众享有，那么作为一个理性的"经济人"就会选择放弃参与决策权。再如在公益诉讼之中，即便个人能够单独对因公共侵害而遭受的损失起诉，庞大的诉讼费用由个人垫付，而胜诉获得的赔偿却不可能由个人独享。原告获得的赔偿与其为整个诉讼付出的成本相比显得微不足道。因此，在这种传统的诉讼机制下，公众普遍存在"搭便车"的心理，漠视或容忍侵害公益的现象继续发生，都想坐享其成，不愿抛头露面。

公民个人不积极行使经济法程序权利的根源是经济利益，障碍则是现行法律制度。所以解决问题的基本思路就在于改革相关的制度。可以通过建立和完善成本和费用的补偿制度来克服公共经济决策参与者的成本和收益的矛盾。对于公益诉权的空缺问题，可以确立公诉制度，由检察机关提起诉讼并负担相关费用。同时，也可以参照美国的"代理原告"制度建立类似的自诉模式。经济法案件既涉及私人利益，又关系到公共利益，因此在诉讼机制上应采用自诉兼公诉的模式。

2.信息制度

信息是人们对客观状况的主观认识，在公共政策制定和制度建设中它是非常重要的。许多信息可以免费获得，但更多有用的信息需要付出代价去开发和整理，信息是一种稀缺的不完整的资源。信息在经济行为的不同阶段具有不均衡性，在不同的经济主体之间具有不对称性。拥有稀缺信息的人可以利用自己所获得的信息牟取私利，损害公共利益和不拥有信息的人的利益。所以经济法程序制度的构建必须尽量降低经济决策行为的信息不完整性或稀缺性，平衡信息的不对称性，健全科学的资讯制度，争取实现信息的完整、平衡和对称，最终提高经济决策行为的科学性和合理性。

（1）信息调查制度

国家经济职权机关作出客观公正的经济裁决和科学准确的经济决策的前提条件是掌握了充分的信息资料。依据民主法治的原理和经济实效的原则，国家经济职权机关获得资讯的主要途径有：一是职权调查，包括访谈调查、问卷调查、表格调查、抽样调查、普查和实地调查；二是行政检察，它既是行政机关常规性工作方法，也是国家经济职权机关获得信息的主要途径；三是强制申报，比如企业财务会计制度、税务申报制度、排污登记制度等；四是听证制度，它源于法庭的审理活动，后来广泛用于公共事务的调查裁决活动之中。听证制度的本质是一种影响公共决定的信息和证据的收集、整理、论证和采信方法。

（2）信息公开制度

国家对市场的干预不是由国家代替市场主体从事市场经营，而是通过宏观经济调控和微观市场规制，引导和促使市场主体作出在单一市场条件下不愿或者不能作出的经济行为，从而实现社会经济的良性发展。市场主体在进行自我行为调整和自我经济决策时需要大量的有关宏观和微观的市场信息和经济资讯。这些信息大部分由国家经济职能机关持有，除了涉及国家机密、商业秘密和个人隐私的信息以外，应当一律向社会公众公开。公开的方式有主动公开和依申请公开。国家机关经调查所持有的经济信息的公开方式和公开时限、公开范围应当在经济法程序制度中明确规定。

（3）经济裁决中的证据制度

证据是法律程序运行的中心，经济法程序中的证据方面的制度和规则是作出经济行为的重要依据。由于受以司法为中心的传统法治的影响，法律程序中的证据制度大多规定在诉讼法之中，除司法以外的其他方面的国家职权行为，比如在经济宏观调控和市场规制行为中，证据制度常常是空缺的或是不完整的，这一方面说明了立法者还没有完全摆脱传统的以司法为中心的法治观念；另一方面也说明了现代法治的缺漏，国家机关的很多经济方面的裁决行为还没有被纳入法律的规范之中，仍然被当然地认为它是一种"抽象行为"或"内部行为"而免于法律的调整。

在经济立法、经济管制、经济决策或裁决行为中，当事人和国家经济职能机关有义务为证明相关决定的合法性而提供具有客观性、相关性和合法性的证据。国家经济职权机关有义务将其所持有的与经济决定相关的证据，按法定方式、在法定期间向社会公众或利害关系人出示，当事人也有义务在听证过程中提交自己搜集的相关证据，否则，该经济决定行为将不能成立或将被否定，经济决定主体将承担不利的法律后果。证据制度中的举证责任包括出示证据的责任和说服证明责任。

证据制度中的证明标准又称证明成熟原则，是指依经济程序法的要求，承担经济决定中的证明责任主体提供证据对相关事实加于证明所要达到的程度。在经济行政裁判案件中，国家经济主管机关适用优势证明标准处理民事争议；在经济管制决策行为中，国家经济主管机关适用明显优势证明标准；在经济立法行为或重大经济决策行为尤其是宏观经济调控行为中，国家经济职能机关则需使证据的证明能力达到排除合理怀疑的标准。上述三种国家经济行为所涉及的范围由小到大，相应的证据制度所要求的证明标准则由宽到严。

3. 对话和听证制度

现代经济是民主经济，国家经济干预行为从本质上说是社会成员自我管理和自我调整的行为。自治是经济法程序的内在要求，对话则是自治的外在表现形式。对话协商机制是经济法程序的基本机制，听证制度就是实践这一机制的重要制度设计。

听证制度来源于英国普通法的"听取对方的证词"的规则。随着现代社会的发展，市场失灵呈现普遍化趋势，国家逐渐对市场进行全面深入的积极干预，政府权力的不断扩张引发了人们对其合法性和安全性的担忧，为了保证国家经济干预行为在维护公共利益方面实现最大的绩效，防止其对个人利益的不当侵犯，体现民主协商、公共自治的听证制度便逐渐成为经济法程序制度的核心。听证制度对于公共决策具有六大功能：公平平等、公众参与、公开透明、理性选择、合法规范和提高效率。听证制度强化了对国家经济职权机关的外部约束，提升了国家经济行为的合理性和可接受性，提高了具体实施效率。

（1）国家经济职权行为听证的范围

如果国家经济干预行为的内容完全是对市场主体有利的，或者事关公共利益的紧急情况比如金融危机和重大自然灾害，那么基于整体经济效率原则这些干预行为就不需要进行听证。国家经济行为听证的范围包括经济立法行为、经济决策行为和经济裁决行为。

经济决策和裁决行为是国家经济职能机关对宏观经济调控问题和微观经济规制问题依法作出的具体管制行为。目前我国只有行政处罚和价格调整两大公共经济领域引入了听证制度，涉及国民经济长期发展和整体布局的产业政策、国民经济计划、中长期投资等领域的听证制度还有待建立和健全。

（2）听证的形式类型

经济法运行过程中的听证程序可以分为正式听证程序和非正式听证程序。

①正式听证程序

正式听证程序是经济法运行程序中最完整、最复杂的程序，它是参照司法审判程序发展起来的，这些程序主要包括：由独立的国家公务员主持听证；当事人事先得到参与听证的通知，并知晓听证的主要证据和事实；当事人可以委托律师代理参与听证；双方出示证据并相互质证和辩论；裁决或决策机关只能依据听证笔录作出裁决；当事人可以取得案卷的副本。正式听证程序环节复杂、程序严谨，要消耗大量的人力、物力和财力资源，各国立法将其规定为一个特别程序，仅适用于法律明确规定的事项。我国的立法法、行政处罚法和价格法，以及国务院部门和地方性法律法规对事关个人利益的公共决策行为规定了正式听证程序，但是具体的操作规程和法律效率却规定不明，使得听证程序常常流于形式。

②非正式听证程序

非正式听证程序是与正式听证程序相对的，法律对非正式听证程序的环节、形式和裁决依据未进行强制性规定，只作出某些原则性的规定，主持听证的机关对是否举行听证、如何进行听证、是否中止听证以及最终的决定享有自由裁量权。非正式听证程序给当事人提供了一个表达意见的机会，主持机关从中获得了相关的决策信息，它具有较强的灵活性和适应性，在公共经济决策和具体裁决行为中有很大的发展空间。

4.决定制度

经济法程序的最后阶段是针对具体的经济问题由国家干预职权机关集体作出

具体的决策或者裁判决定的阶段。

（1）经济法程序决定的种类及其法律效率

经济法程序决定分为初步决定、建议性决定和确定性决定。各具有不同的法律效率。初步决定所涉及的利害关系人或当事人，在决定作出后的法定期限内未对该决定提出异议时，该决定才具有直接的法律约束力，初步决定一般适用于申请许可案件比如商标权、专利权申请案件中。建议性决定是指国家经济职权机关对待决事项无最终决定权，该机关仅依据相关证据或听证记录作出建议性决定，以供具有最终决定权的机关参考，它具有咨询性质，不具有法律效率。确定性决定主要适用于紧急情况下的经济管制行为和一些终局性的经济法行为，比如经济决策中的审批行为、经济纠纷中的裁决行为和经济规制中的处理行为。

（2）经济法程序决定的内容

经济法程序决定的内容既包括以法定的形式对案卷中所涉及的实质的事实作出认定，也包括对实质性法律问题和自由裁量权问题作出结论性决定并说明理由。

认定事实是作出一切法律行为和决定的基础和前提。经济法程序决定中的事实认定包括证据事实的认定和结果事实的认定。经济决定中对事实的认定既可以防止决定机关的权力滥用和主观臆断，也有利于教育说服当事人。

经济决定中的说明理由制度体现了国家公共经济决策的科学化、民主化和理性化。具有附属性、程序性、明确性和伦理性的法律特征。随着市场失灵的不断显露和垄断经济的不断壮大，以个人的消极自由和间接民主为特征的传统法治思想已不能满足社会经济协调发展的需要，以公民的积极自由、直接参与式民主和公共行为选择为特征的现代民主制度得到长足发展。政府公共权力行为不再具有天然的合理性，必须具有充分的、令人信服的理由才能产生法定的效力。"没有哪一个单纯的因素比公共机构不负说明法定理由的义务更为严重地阻碍过英国行政法的发展了。"国家经济职权主体对自身自由裁量权的说明主要围绕对事实的认定和对法律依据的选择两个方面。对事实的认定规则有排除非法证据规则、疑惑事实从无规则和因果联系规则。法律规范的选择规则主要有维护公共利益规则、体现国家经济政策规则和尊重经济规律规则。作出经济决定时只有全面遵循这些规则，经济决定才具有充足的理由。

（3）经济法程序决定的形式

形式是内容的外观化，经济法程序的决定应当采用书面形式，具体表现为法律文本、经济处理决定书、经济纠纷裁判书和重大经济决策文件。由于历来对形式缺乏重视，我国目前的多数经济决策和重大经济调控措施，往往没有采用法律文件的形式，而是使用执政党的文件、政府工作报告和会议决议等形式，使得这些决定的法律属性很不明确，损害了这些决定的法律权威和实践效果。这是当前我国国家干预法治化进程中亟待解决的重要议题。

第二节 经济法运行程序的优化

一、整合法律确定性与变动性的经济法程序

所谓法律的确定性，其具体指的就是法律的可预测性。其根本点就在于从整体出发，忽略社会中个体的差异性，从而为社会生活的正常运行制定出一个相对科学合理的统一标准，其有利于法律效率和法律公平的实现；而所谓法律的变动性，则指的就是法律在运行过程中，由于法律语言的模糊性以及解释的差异性，会导致一些不确定性的发生。

要化解优化经济法运行程序就应当是将这两种相对立的法律特性整合、统一起来。使法律在保有传统法律所要求的确定性的基础上，也能体现经济法所要求的变动性，从而使法律做到与时俱进，真正成为人们所需要的法律；此外，也使法律在保有经济法的实质化运行所要求的变动性的基础上，也能恰当地运用传统法律的确定性来对这种变动性予以规范，从而防止出现政府过度干预市场经济发展或者完全放任市场经济发展等极端现象。

二、统一法律封闭性与开放性的经济法程序

对于法律的封闭性来说，有利于使其在一个相对隔离的封闭系统之中，独立于策略性和政治性的动荡之外，来使自己的纯洁性和权威性得以体现；而对于法律的开放性来说，则是有利于使其更多地关注于社会个体以及整体的现实需求，并对这些需求作出必要回应，从而使个体以及整体的权利和自由均能得到更好的保障。因此，在经济法的运行程序过程中，既遵循传统法律所要求的封闭性，又体现出一定的法律开放性，能有效化解经济法的实质化运行所带来的风险，并使经济法的价值得到更大程度的实现。

三、沟通法律普遍性与个别性的经济法程序

传统法律为了促进法治的实现，往往极为强调和重视法律的普遍性；而经济法作为一种回应型的政府干预法，其则更多关注的是对个体所提出的需求的满足，并会根据社会现实的发展需要去对市场经济的发展加以干预。

具体来说，保证法律的普遍性，有利于最大程度地实现社会的公平正义，以及在最大程度上维护社会上绝大多数人民的权利和自由，并且也可以防止恣意、偏见以及特权等不良现象的发生；而保证法律的个别性，则有利于在整体利益之下更好地保障个体利益的实现。这两个方面可以说都是必不可少的，因此我们应当在经济法的程序运行中将其统一起来。只有这样，才能在维护法律的普遍性的基础之上，制定出公平公正的、普遍适用于社会所有主体的正当程序；然后在个案发生之后，就可以对这些正当程序加以适用，并在个案具体情况不同的基础上，得出具有个别差异性的实体处理结果。这样一来，不仅有利于实现法律的程序正义，也有利于实现法律的实质正义。

四、证明法律的正当性与国家干预合法的经济法程序

首先，法律的正当性，指的就是法律在根本价值上应当是符合社会整体的利益需求的，其权威性也为广大人民所接受和拥护。其次，国家干预的合法性，则指的是国家对市场经济的干预，有相关的法律规范做依据，并不是无端的非法干预。

在传统法律带来了市场经济的失灵的困境之下，实现国家对市场经济的一定程度上干预是极为必要的，但是同样应当注意的是，国家对市场经济的这种干预应当受到法律的正当性限制，从而保证国家干预市场经济实行的是有限干预而不是无限干预。因为只有有限干预的情况下，才能既保有市场经济的活力，又使得市场经济的运行秩序得到良好的调控，这样才能在经济法的正当程序化机制运行的保障之下，使我国的市场经济得到长远发展。

第五章　现代化经济法中的仲裁与诉讼

面对经济纠纷，比较常用的两种方法就是仲裁和诉讼。因此，本章对现代化经济法中的仲裁与诉讼进行了阐述，并介绍了现代化经济法中的经济仲裁、现代化经济法中的经济诉讼两方面的内容。

第一节　现代化经济法中的经济仲裁

一、经济仲裁的概念和特征

（一）仲裁的概念

仲裁也称为公断，是指双方当事人发生争议时，根据其在事前或事后达成的协议，自愿将该争议提交中立的第三者，由第三者做出对当事人具有约束力的裁决。仲裁作为解决民事、经济纠纷的一种有效方式，在我国法治建设中起着日益重要的作用。

（二）经济仲裁的概念

经济仲裁，是指公民、法人和其他组织之间因合同或其他财产权益发生纠纷，由仲裁机构为解决当事人双方的争议而作出裁决的活动。

（三）经济仲裁的特征

（1）以双方当事人自愿协商为基础。

（2）由双方当事人自愿选择的中立第三者（仲裁机构）进行裁决。

（3）裁决对双方当事人都具有约束力。

二、经济仲裁的基本原则

（一）自愿原则

自愿原则是仲裁制度的基本原则，是仲裁制度存在和发展的基础。仲裁的自愿原则主要体现在：第一，当事人是否将他们之间发生的纠纷提交仲裁，由双方当事人自愿协商决定；第二，当事人将哪些争议事项提交仲裁，由双方当事人自行约定；第三，当事人将他们之间的纠纷提交哪个仲裁委员会仲裁，由双方当事人自愿协商决定；第四，仲裁庭如何组成，由谁组成，由当事人自主选定；第五，双方当事人还可以自主约定仲裁的审理方式、开庭方式等有关的程序事项。

（二）根据事实、符合法律规定、公平合理解决纠纷原则

这一原则是对"以事实为根据，以法律为准绳"原则的肯定和发展，即仲裁要坚持以事实为根据、以法律为准绳的原则。同时，在法律没有规定或者规定不完备的情况下，仲裁庭可以按照公平合理的一般原则来解决纠纷。

（三）协议选定仲裁委员会原则

仲裁委员会应当由当事人协议选定。仲裁不实行级别管辖和地域管辖。产生纠纷后，完全由当事人协议选择由哪个仲裁机构解决，这体现了仲裁法的民主精神和对当事人权利的尊重。

（四）独立仲裁原则

《仲裁法》明确规定仲裁应依法独立进行，不受行政机关、社会团体和个人的干涉。独立仲裁原则体现在仲裁与行政脱钩，仲裁委员会独立于行政机关，与行政机关没有隶属关系，仲裁委员会之间也没有隶属关系。同时，仲裁庭独立裁决案件，仲裁委员会以及其他机关、社会团体和个人不得干预。

三、经济仲裁的基本制度

（一）仲裁协议制度

仲裁协议是当事人仲裁意愿的体现。当事人申请仲裁、仲裁委员会受理仲裁案件以及仲裁庭对仲裁案件的审理和裁决都必须依据当事人之间订立的有效的仲裁协议，没有仲裁协议就没有仲裁制度。

（二）回避制度

回避制度是指合同纠纷当事人有权申请仲裁庭组成人员回避对该案件的仲裁活动的制度。仲裁员有下列情形之一的，必须回避，当事人也有权利提出回避申请：是本案当事人或当事人、代理人的近亲属；与本案有利害关系；与本案当事人、代理人有其他关系，可能影响公正仲裁的；私自会见当事人，或者接受当事人、代理人的请客送礼的。

回避制度既是保护当事人合法权益的一项重要原则，也是保证仲裁委员会能够依法公正处理经济纠纷的一项重要制度。

当事人提出回避申请，应说明理由，并在首次开庭前提出。回避事由在首次开庭后知道的，可以在最后一次开庭终结前提出。对仲裁员是否回避，由仲裁委员会主任决定；仲裁委员会主任担任仲裁员时，由仲裁委员会集体决定。

（三）先行调解制度

调解是仲裁的必经程序，仲裁庭在作出裁决前，可以先行调解。当事人自愿调解的，仲裁庭应当调解。调解不成的，应当及时作出裁决。调解达成协议的，仲裁庭应当制作调解书或者根据协议的结果制作裁决书。调解书与裁决书具有同等法律效力。

（四）或裁或审制度

仲裁与诉讼是两种不同的争议解决方式。因此，当事人之间发生的争议只能在仲裁或者诉讼中选择其一加以采用，有效的仲裁协议即可排除法院的管辖权，只有在没有仲裁协议或者仲裁协议无效的情况下，法院才可以行使管辖权。

（五）一裁终局制度

我国《仲裁法》明确规定，仲裁实行一裁终局制度，即仲裁庭作出的仲裁裁决即为终局裁决，裁决作出后，当事人就同一纠纷再申请仲裁或者向人民法院起诉，仲裁委员会或者人民法院不予受理：当事人应当自动履行裁决，一方当事人不履行的，另一方当事人可以向法院申请执行。

四、经济仲裁组织

（一）中国仲裁协会

中国仲裁协会是社会团体法人，由全国的仲裁委员会组成，其章程由全国会员大会制定。仲裁协会是仲裁委员会的自律组织，其依据章程指导仲裁委员会的工作并对仲裁委员会及其组成人员、仲裁员的违纪行为进行监督。早在 1994 年，国务院办公厅就下发了《关于做好重新组建仲裁机构和筹建中国仲裁协会筹备工作的通知》，要求筹建中国仲裁协会，但中国仲裁协会至今仍未成立。

（二）仲裁委员会

仲裁委员会是依《仲裁法》的规定，在各地设立的进行仲裁活动的专门机构。仲裁委员会是民间机构，它可以在直辖市和省、自治区人民政府所在地的市设立，也可以根据需要在其他设区的市设立，但不按行政区划层层设立。各地仲裁委员独立于行政机关，与行政机关没有隶属关系，仲裁委员会之间也没有隶属关系。设立仲裁委员会，应向当地司法行政机关登记，未经登记的，其仲裁裁决不具有法律效力。一个市只能设立一个仲裁委员会。

仲裁委员会由主任 1 人、副主任 2~4 人和委员 7~11 人组成。仲裁委员会主任、副主任和委员由法律、经济贸易专家和有实际工作经验的人担任。仲裁委员会的组成人员中，法律、经济贸易专家不得少于 2/3。

中国仲裁委员会依法制定仲裁规则以及其他仲裁规范性文件。

五、申请经济仲裁的条件

当事人申请仲裁，应当具备以下条件：

（1）有仲裁协议。该协议包括事先在合同中约定的仲裁条款，也包括事后达成的书面仲裁协议。仲裁协议一经成立，即具有法律效力。

（2）有具体的仲裁请求和所依据的事实、理由。

（3）属于仲裁委员会受理的范围。

（4）受理仲裁的仲裁机构有管辖权。

仲裁委员会受理仲裁申请后，应当按照法定要求组成仲裁庭。仲裁庭作出裁决前，可以先行调解。当事人自愿调解的，仲裁庭应当调解。调解不成的，应当及时作出裁决。调解达成协议的，仲裁庭应当制作调解书或根据协议结果制作裁决书。调解书与裁决书具有同等法律效力。仲裁庭根据多数仲裁员的意见作出裁决，并制作裁决书，裁决书自作出之日起发生法律效力。

如果当事人一方不履行裁决的，另一方当事人可以依照《中华人民共和国民事诉讼法》（以下简称《民事诉讼法》）的有关规定向人民法院申请执行。

六、经济仲裁协议

（一）仲裁协议的概念

仲裁协议是发生纠纷的双方当事人自愿将其纠纷提交仲裁委员会仲裁的书面协议。仲裁协议包括在所签订的合同中订立仲裁条款；以其他书面形式在纠纷发生前订立仲裁协议；以其他书面形式在纠纷发生后双方达成仲裁协议。

（二）仲裁协议的内容

仲裁协议的内容包括请求仲裁的意思表示；仲裁事项；选定的仲裁委员会。

（三）仲裁协议的效力

仲裁协议独立存在，合同的变更、解除、终止或者无效，不影响仲裁协议的效力。双方达成仲裁协议的，发生纠纷后，只能通过仲裁方式解决；没有仲裁协议，一方申请仲裁的，仲裁委员会不予受理，但仲裁协议无效的除外。

根据《仲裁法》的规定，有下列情形之一的，仲裁协议无效：（1）约定的仲裁事项超出法律规定的仲裁范围的；（2）无民事行为能力人或者限制民事行为能力人订立的仲裁协议；（3）一方采取胁迫手段，迫使对方订立仲裁协议的。

仲裁协议对仲裁事项或者仲裁委员会没有约定或约定不明确的，当事人可以补充协议；达不成补充协议的，仲裁协议无效。当事人对仲裁协议的效力有异议的，应当在仲裁庭首次开庭前提出，可以请求仲裁委员会作出裁定或者请求人民法院作出裁定。一方请求仲裁委员会作出裁定，另一方请求法院作出裁定的，由人民法院裁定。

七、经济仲裁裁决

仲裁不实行级别管辖和地域管辖，仲裁委员会应当由当事人协议选定。仲裁庭可以由三名仲裁员或者一名仲裁员组成。由三名仲裁员组成的，设首席仲裁员。当事人约定由三名仲裁员组成仲裁庭的，应当各自选定或者各自委托仲裁委员会主任指定一名仲裁员，第三名仲裁员由当事人共同选定或者共同委托仲裁委员会主任指定。第三名仲裁员是首席仲裁员。当事人约定由一名仲裁员成立仲裁庭的，应当由当事人共同选定或者共同委托仲裁委员会主任指定。当事人没有在仲裁规则规定的期限内约定仲裁庭的组成方式或者选定仲裁员的，由仲裁委员会主任指定。仲裁庭组成后，仲裁委员会应当将仲裁庭的组成情况书面通知当事人。

仲裁员有下列情形之一的，必须回避，当事人也有权提出回避申请：（1）是本案当事人或者当事人、代理人的近亲属。（2）与本案有利害关系。（3）与本案当事人、代理人有其他关系，可能影响公正仲裁的。（4）私自会见当事人、代理人，或者接受当事人、代理人的请客送礼的。

仲裁应当开庭进行。当事人协议不开庭的，仲裁庭可以根据仲裁申请书、答辩书以及其他材料作出裁决。所谓开庭审理，是指在仲裁庭的主持下，在双方当事人和其他仲裁参与人的参加下，按照法定程序，对案件进行审理并作出裁决的方式。

仲裁不公开进行。当事人协议公开的，可以公开进行，但涉及国家秘密的除外。所谓不公开进行，是指仲裁庭在审理案件时不对社会公开，不允许群众旁听，也不允许新闻记者采访和报道。

当事人申请仲裁后，可以自行和解。达成和解协议的，可以请求仲裁庭根据和解协议作出裁决书，也可以撤回仲裁申请。当事人达成和解协议，撤回仲裁申请后反悔的，可以根据仲裁协议申请仲裁。

仲裁庭在作出裁决前，可以先行调解。当事人自愿调解的，仲裁庭应当调解。调解不成的，应当及时作出裁决。调解达成协议的，仲裁庭应当制作调解书或者根据协议的结果制作裁决书。调解书与裁决书具有同等法律效力。

调解书经双方当事人签收后，即发生法律效力。在调解书签收前当事人反悔的，仲裁庭应当及时作出裁决。

裁决应当按照多数仲裁员的意见作出，少数仲裁员的不同意见可以记入笔录。仲裁庭不能形成多数意见时，裁决应当按照首席仲裁员的意见作出。裁决书自作出之日起发生法律效力。

当事人应当履行裁决。一方当事人不履行的，另一方当事人可以依照《中华人民共和国民事诉讼法》（以下简称《民事诉讼法》）的有关规定向人民法院申请执行。受申请的人民法院应当执行。

第二节　现代化经济法中的经济诉讼

诉讼是指人民法院根据纠纷当事人的请求，运用审判权确认争议各方权利义务关系，解决经济纠纷的活动。诉讼是解决经济纠纷的重要手段，大多数情况下是解决经济纠纷的最终办法。经济纠纷所涉及的诉讼包括行政诉讼和民事诉讼。这里所说的行政诉讼是指人民法院根据当事人的请求，依法审查并裁决行使行政管理职权的行政机关所作出的具体行政行为的合法性，以解决经济纠纷的活动，如人民法院依法审理作为经济法主体的公民与税务机关在税收征纳关系上发生争议的行政案件。民事诉讼是指人民法院在当事人及其他诉讼参与人的参加下，依法审理并裁决经济纠纷案件所进行的活动。由于解决经济纠纷所涉及的诉讼绝大部分属于民事诉讼，因此这里主要就民事诉讼予以介绍，民事诉讼适用《民事诉讼法》的有关规定。

一、经济诉讼管辖

诉讼管辖是指各级人民法院之间以及不同地区的同级人民法院之间，受理第一审经济案件的分工和权限。管辖有许多种类，其中最重要的是地域管辖和级别管辖。

（一）地域管辖

地域管辖是指确定同级人民法院之间在各自管辖的地域内审理第一审经济案件的分工和权限。它又分为一般地域管辖和特殊地域管辖。

一般地域管辖是以被告住所地为依据来确定案件的管辖法院，即实行"原告就被告原则"。对公民提起的民事诉讼，由被告住所地人民法院管辖；被告住所地与经常居住地不一致的，由经常居住地人民法院管辖。对法人或其他组织提起的民事诉讼，由被告住所地人民法院管辖。同一诉讼的几个被告住所地、经常居住地在两个以上人民法院辖区的，各级人民法院都有管辖权。但对被劳改教养的人提起的诉讼及对被监禁的人提起的诉讼，由原告住所地人民法院管辖，原告住所地与经常居住地不一致的，由原告经常居住地人民法院管辖。

特殊地域管辖是以诉讼标的所在地，或引起法律关系发生、变更、消灭的法律事实所在地为依据确定管辖。适用特殊管辖的主要有以下几种情况：（1）因合同纠纷引起的诉讼，由被告住所地或合同履行地人民法院管辖；（2）因保险合同纠纷提起的诉讼，由被告住所地或保险标的物所在地人民法院管辖；（3）因票据纠纷提起的诉讼，由票据支付地或被告住所地人民法院管辖；（4）因铁路、公路、水上和航空事故请求损害赔偿提起的诉讼，由事故发生地或车辆、船舶最先到达地、航空器最先降落地或被告住所地人民法院管辖；等等。

（二）级别管辖

级别管辖是根据案件的性质、影响范围来划分上下级人民法院受理第一审经济案件的分工和权限。我国人民法院分为四级，即基层人民法院、中级人民法院、高级人民法院和最高人民法院。此外还有专门法院，即军事法院、海事法院和铁路运输法院。以上法院的分级设置，构成了我国法院的体制。基层人民法院原则上管辖第一审案件；中级人民法院管辖在本辖区有重大影响的案件、重大涉外案件及由最高人民法院确定由中级人民法院管辖的案件；高级人民法院管辖在辖区有重大影响的第一审案件；最高人民法院管辖在全国有重大影响的案件以及认为应当由它审理的案件。

两个以上人民法院都有管辖权的诉讼，原告可以向其中一个人民法院起诉；原告向两个以上有管辖权的人民法院起诉的，由最先立案的人民法院管辖。

二、经济诉讼参加人

诉讼参加人包括当事人和诉讼代理人。

（1）当事人。是指公民、法人和其他组织因经济权益发生争议或受到损害，以自己的名义进行诉讼，并受人民法院调解或裁判约束的利害关系人。当事人包括原告、被告、共同诉讼人和诉讼中的第三人。

（2）诉讼代理人。是指以被代理人的名义，在代理权限范围内，为了维护被代理人的合法权益而进行诉讼的人。代理人包括法定代理人、指定代理人和委托代理人。

三、经济诉讼的适用范围

公民之间、法人之间、其他组织之间以及他们相互之间因财产关系和人身关系发生纠纷，可以提起民事诉讼。

适用于《民事诉讼法》的案件具体有以下五类：

（1）因民法、婚姻法、收养法和继承法等调整的平等主体之间的财产关系和人身关系发生的民事案件，如合同纠纷、房产纠纷和侵害名誉权纠纷等案件；

（2）因经济法、劳动法调整的社会关系发生的争议，法律规定适用民事诉讼程序审理的案件，如企业破产案件、劳动合同纠纷案件等；

（3）适用特别程序审理的选民资格案件和宣告公民失踪、死亡等非讼案件；

（4）按照督促程序解决的债务案件；

（5）按照公示催告程序解决的宣告票据和有关事项无效的案件。

四、经济诉讼时效

所谓诉讼时效，就是指权利人在一定期间内不行使请求人民法院保护其民事权利的请求权，就丧失该项请求权的法律制度，即权利人在其权利受到侵害时，有权请求法院进行保护，但人民法院保护权利也并不是无限制的，权利人应该在法律规定的期间内请求保护，超过该期间后，法院将不再予以保护。法律规定的权利人请求人民法院保护其民事权利的法定期间，就是诉讼时效期间。

（1）普通诉讼时效期间为 2 年。

（2）特别诉讼时效期间。《民法通则》规定，下列的诉讼时效期间为 1 年：①身体受到伤害要求赔偿的；②出售质量不合格的商品未声明的；③延付或拒付租金的；④寄存财物被丢失或损毁的。

国际货物买卖合同争议和技术进出口合同争议诉讼时效期间 4 年。

（3）最长诉讼时效期间:《民法通则》规定，从权利被侵害之日起超过 20 年的，人民法院将不予保护。最长诉讼时效不适用诉讼时效的中止和中断。

（4）诉讼时效的起算：诉讼时效期间从知道或应当知道权利被侵害时起计算。

（5）诉讼时效的中止、中断和延长。

①诉讼时效期间的中止：在诉讼时效期间的最后 6 个月以内，由于不可抗力或其他障碍不能行使请求权的，诉讼时效中止。从中止时效的原因消除之日起，诉讼时效期间继续计算。若在诉讼时效期间的最后 6 个月前发生不可抗力，到最后 6 个月时不可抗力已消失，则不能中止诉讼时效的进行。若在诉讼时效期间的最后 6 个月前发生不可抗力，到最后 6 个月时不可抗力依然继续存在，则应在最后 6 个月时中止诉讼时效的进行。

②诉讼时效期间的中断：诉讼时效中断，是指在诉讼时效期限内，因为法定事由的发生导致已经进行的时效期限全部归于无效，待时效中断的法定事由消除之后，诉讼时效重新计算。诉讼时效中断的法定事由有提起诉讼权利人提出要求

及义务人同意履行义务等。

③诉讼时效的延长：诉讼时效的延长指在诉讼时效期间届满以后，权利人因为有正当理由，向人民法院提出请求时，人民法院可以把法定时效期间予以延长。

五、经济诉讼审判

（一）审判制度

审判是指国家审判机关依法对经济纠纷案件进行审理和判决的活动。我国依法行使国家经济审判权的专门机关是按照《中华人民共和国法院组织法》建立起来的各级人民法院和专门法院，专门法院包括海事法院和铁路运输法院。审判制度包括以下内容。

1. 合议制度

当事人将争议提交人民法院审判后，人民法院应当组成合议庭对案件进行审理和判决。合议制度是指经济案件的审判由三个以上的单数审判员组成合议庭进行审理。合议庭评议案件时实行少数服从多数，不同意见可以保留，并记入笔录。

2. 回避制度

回避制度是指为了保证审判工作公正进行，而要求与案件有一定的利害关系的审判人员或其他有关人员，如审判员、书记员、翻译和鉴定人等，不得参与本案的审理活动或诉讼活动的审判制度。回避分为自行回避和申请回避。法院院长的回避由本院审判委员会决定；审判人员的回避由院长决定；其他人员的回避由审判长决定。

3. 公开审判制度

公开审判制度是指人民法院审理经济案件，除法律另有规定的情形外，审判过程及结果应当向群众、社会公开，允许公民旁听，允许新闻记者采访、报道。但涉及国家秘密、个人隐私的案件和其他法律另有规定的案件，应当不公开审理。涉及商业秘密的案件，当事人申请不公开审理的，也可以不公开审理。

4. 两审终审制度

两审终审制度是指一个案件经过两级人民法院审判后即告终结的制度，即若当事人对第一审判法院不服可以提出上诉，人民检察院可以提出抗诉，第二审人民法院所作的判决和裁定是终审的判决和裁定，一经作出即发生法律效力。最高人民法院是我国的最高审判机关，它所作出的任何判决和裁定，都是终审的判决和裁定，一经作出立即生效。

（二）审判程序

审判程序包括第一审程序、第二审程序和审判监督程序等。

1. 第一审程序

第一审程序是指各级人民法院审理第一审经济案件适用的程序，分为普通程序、简易程序。

（1）普通程序

普通程序是经济案件审判中最基本的程序，主要包括以下内容：

①起诉和受理。起诉是指公民、法人或其他组织在其民事权益受到损害或发生争议时，向人民法院提出诉讼请求的行为。起诉必须符合法定条件：即原告是与本案有直接利害关系的公民、法人和其他组织；有明确的被告；有具体的诉讼请求和事实、理由；属于人民法院受理民事诉讼的范围和管辖范围，同时还必须办理法定手续。受理是指人民法院通过对当事人的起诉进行审查，对符合法定条件的决定立案审理的行为。人民法院接到起诉状或口头起诉后，经审查认为符合起诉条件的，应当在7目内立案，并通知当事人。

②审理前的准备。人民法院应当在立案之日起5日内将起诉状副本发送被告。被告在收到之日起15日内提出答辩状。答辩是被告对原告提出的诉讼请求及理由进行回答、辩解和反驳，是被告的一项重要的诉讼权利。被告提出答辩状的，人民法院在收到之日起5日内将答辩状副本发送原告。被告不提出答辩状的，不影响人民法院审理。

③开庭审理。是指在审判人员主持和当事人及其他诉讼参与人的参加下，在法庭上对案件进行审理的诉讼活动。其目的是确认当事人的权利义务关系，以调解或判决的方式解决纠纷。开庭审理一般都公开进行，但涉及国家秘密、个人隐私或法律另有规定的情况及当事人申请不公开审理的，不公开进行审理。人民法院应当在开庭审理3日前通知当事人和其他诉讼参与人。公开审理的，应当公告当事人的姓名、案由和开庭的时间、地点。

（2）简易程序

简易程序是指基层人民法院及其派出的人民法庭，审理简单民事案件所适用的既独立又简便易行的诉讼程序。简易程序适用于事实清楚，权利义务关系明确，争议不大的简单案件。原告可以口头起诉，当事人双方可以同时到基层人民法院或其派出的法庭请求解决纠纷。适用简易程序审理的案件，由审判员一人独任审理，可随时传唤当事人、证人，不受普通程序中的法庭调查、法庭辩论等程序的限制。

2. 第二审程序

第二审程序，又称上诉程序，是指上级人民法院审理当事人不服第一审人民法院尚未生效的判决和裁定而提起的上诉案件所适用的程序。我国实行两审终审制，当事人不服第一审人民法院判决、裁定的，有权向上一级人民法院提起上诉。《民事诉讼法》规定，上诉必须具备以下条件：只有第一审案件的当事人才可以提起上诉；只能对法律规定的可以上诉的判决、裁定提起上诉。当事人不服地方人民法院第一审判决的，有权在判决书送达之日起 15 日内向上一级人民法院提起上诉。当事人不服地方人民法院第一审裁定的，有权在裁定书送达之日起 10 日内向上一级人民法院提起上诉。上诉应当递交上诉状，上诉状应当通过原审人民法院提出，并按照对方当事人或者代理人的人数提交副本。

第二审人民法院应当对上诉请求的有关事实和适用法律进行审查，并组成合议庭开庭审理。经过阅卷和调查，询问当事人，在事实核对清楚后，合议庭认为不需要开庭审理的，也可以进行判决、裁定。第二审人民法院对上诉案件经过审理，按照下列情况分别处理：(1) 原判决认定事实清楚，适用法律正确的，判决驳回上诉，维持原判决；(2) 原判决适用法律错误，依法改判；(3) 原判决认定事实错误，或者原判决认定事实不清，证据不足，裁定撤销原判决，发回原审人民法院重审，或者查清事实后改判；(4) 原判决违反法定程序，可能影响案件正确判决的，裁定撤销原判决，发回原审人民法院重审。第二审人民法院的判决、裁定是终审的判决、裁定。当事人对重审案件的判决、裁定可以上诉。

3. 审判监督程序

审判监督程序是指有审判监督权的人员和机关，发现已经发生法律效力的判决、裁定确有错误的，依法提出对原案重新进行审理的一种特别程序，又称再审程序。《民事诉讼法》规定，各级人民法院院长对本院已经发生法律效力的判决、裁定，发现确有错误，认为需要再审的，提交审判委员会讨论决定。最高人民法院对地方各级人民法院、上级人民法院对下级人民法院已经发生法律效力的判决、裁定，发现确有错误的，有权提审或指令下级人民法院再审。

当事人对已经发生法律效力的判决、裁定，认为有错误的，可以向原审人民法院或上一级人民法院申请再审，但不停止判决、裁定的执行。当事人对已经发生法律效力的调解书，提出证据证明调解违反自愿原则或调解协议的内容违反法律的，可以申请再审。

六、执行程序

执行程序是人民法院依法对已经发生法律效力的判决、裁定及其他法律文书的规定，强制义务人履行义务的程序。对发生法律效力的判决、裁定、调解书和其他应由人民法院执行的法律文书，当事人必须履行。一方拒绝履行的，对方当事人可以向人民法院申请执行。申请执行的期限从法律文书规定履行期间的最后一日起计算，双方或者一方当事人是公民的为 1 年，双方是法人或者其他组织的为 6 个月。

参考文献

[1] 王欣新.论破产立法中的经济法理念 [J].北京市政法管理干部学院学报，2004（2）：10-15.

[2] 李昌麒.论经济法语境中的国家干预 [J].重庆大学学报（社会科学版），2008（4）：85-92.

[3] 甘强.经济法利益理论研究 [D].重庆：西南政法大学，2008.

[4] 程信和.硬法、软法与经济法 [J].甘肃社会科学，2007（4）：219-226.

[5] 程信和.经济法基本权利范畴论纲 [J].甘肃社会科学，2006（1）：138-146.

[6] 李曙光.经济法词义解释与理论研究的重心 [J].政法论坛，2005（6）：3-16.

[7] 李昌麒，陈治.经济法的社会利益考辩 [J].现代法学，2005（5）：16-26.

[8] 徐孟洲.论中国经济法的客观基础和人文理念 [J].法学杂志，2004（4）：35-38.

[9] 程南.经济法理论的反思与完善 [D].北京：中国政法大学，2011.

[10] 叶明.经济法实质化研究 [D].重庆：西南政法大学，2003.

[11] 张守文.经济法责任理论之拓补 [J].中国法学，2003（4）：11-22.

[12] 史际春，李青山.论经济法的理念 [J].华东政法学院学报，2003（2）：42-51.

[13] 单飞跃，刘思萱.经济法安全理念的解析 [J].现代法学，2003（1）：55-60.

[14] 李昌麒，黄茂钦.论经济法的时空性 [J].现代法学，2002（5）：3-11.

[15] 徐崇利.经济一体化与当代国际经济法的发展 [J].法律科学.西北政法学院学报，2002，（05）：116-127.

[16] 岳彩申，袁林.经济法利益分配功能之解释 [J].社会科学研究，2002（3）：85-89.

[17] 王保树.论经济法的法益目标 [J].清华大学学报（哲学社会科学版），2001（5）：61-66.

[18] 李昌麒，应飞虎.论经济法的独立性：基于对市场失灵最佳克服的视角 [J].

山西大学学报（哲学社会科学版），2001（3）：26-33.

[19] 李昌麒，岳彩申，叶明.论民法、行政法、经济法的互动机制 [J].法学，2001（5）：50-56.

[20] 李金泽，丁作提.经济法定位理念的批判与超越 [J].法商研究（中南政法学院学报），1996（5）：68-73.

[21] 张守文.论经济法的现代性 [J].中国法学，2000（5）：56-64.

[22] 张守文.略论经济法上的调制行为 [J].北京大学学报（哲学社会科学版），2000（5）：90-98.

[23] 刘剑文，杨君佐.关于宏观调控的经济法问题 [J].法制与社会发展，2000（4）：15-23.

[24] 王保树，邱本.经济法与社会公共性论纲 [J].法律科学.西北政法学院学报，2000（3）：62-74.

[25] 颜运秋.论经济法的可诉性缺陷及其弥补 [J].当代法学，2000（1）：20-23.

[26] 李昌麒，鲁篱.中国经济法现代化的若干思考 [J].法学研究，1999（3）：90-100.

[27] 刘普生.论经济法的回应性 [J].法商研究（中南政法学院学报），1999（2）：23-28.

[28] 何文龙.经济法理念简论 [J].法商研究（中南政法学院学报），1998（3）：31-35.

[29] 李国海.论现代经济法产生的法哲学基础 [J].法商研究（中南政法学院学报），1997（6）：44-48.

[30] 应飞虎.需要干预经济关系论：一种经济法的认知模式 [J].中国法学，2001（2）：133-145.